CECI N'EST PAS LE BONHEUR

Sous la direction de
Patrick Snyder et de Martine Pelletier

Ceci n'est pas le bonheur

Avec la collaboration de
Paule Baillargeon, Audrey Gamache, Yves Laferrière,
Louis-Charles Lavoie, Anne-Marie Lemay,
Pierre Ouellette, Carole Paris et Louis Vaillancourt

FIDES

Catalogage avant publication de Bibliothèque et Archives nationales du Québec et Bibliothèque et Archives Canada

Vedette principale au titre :

Ceci n'est pas le bonheur

ISBN 978-2-7621-2921-2

1. Bonheur. 2. Réalisation de soi. 3. Bonheur – Philosophie. 4. Style de vie. 5. Consommation (Économie politique). I. Snyder, Patrick, 1964-   . II. Pelletier, Martine, 1964-   .

BF575.H27C42 2009   152.4'2   C2009-940659-4

Dépôt légal : 2ᵉ trimestre 2009
Bibliothèque et Archives nationales du Québec
© Éditions Fides, 2009

Les Éditions Fides reconnaissent l'aide financière du Gouvernement du Canada par l'entremise du Programme d'aide au développement de l'industrie de l'édition (PADIÉ) pour leurs activités d'édition. Les Éditions Fides remercient de leur soutien financier le Conseil des Arts du Canada et la Société de développement des entreprises culturelles du Québec (SODEC). Les Éditions Fides bénéficient du Programme de crédit d'impôt pour l'édition de livres du Gouvernement du Québec, géré par la SODEC.

IMPRIMÉ AU CANADA EN AVRIL 2009

À la mémoire d'André Castonguay,
ami fidèle de la douceur et de l'écoute,
qui était passé maître dans l'art
de répandre le bonheur.

Préambule

Sacré bonheur! Encore un livre à ton sujet. Décidément, tu fais
beaucoup parler de toi! Tu sembles être devenu un objet de culte.
Tout converge vers toi, vie personnelle, familiale, sociale et professionnelle. Plus rien ne t'échappe. La mesure de toutes formes
de réalisation, c'est toi. La source de nos plaisirs, c'est toi. La
source de nos angoisses, c'est encore toi. Ton absence est vue
comme un signe de malédiction. Nous te maudissons lorsque tu
nous manques. Nous te bénissons à travers une multitude de
babioles censées te garder près de nous. À travers toi, l'humanité
a donné le meilleur d'elle-même. Toujours en ton nom, elle a
aussi fait le pire, comme de renoncer à son estime et à sa liberté.
Elle s'est mise inlassablement à ta conquête, dans l'espoir que tu
viennes combler le vide qui l'habite. Tu vois, c'est entre l'admi-
ration et l'ironie que nous osons ici ouvrir le jeu. Créer des
brèches dans ce qui s'est cristallisé à ton propos. Faire voir que
ton visage n'a pas toujours été celui que tu portes en ce début de
XXIe siècle. Montrer l'importance de revisiter l'histoire pour

comprendre un peu mieux tes origines. Mieux saisir comment notre époque t'a intégré dans toutes les sphères de la vie. Habités par la conviction que tu vaux plus que ce que nous recherchons de toi, nous souhaitons par ce collectif ouvrir des avenues de réflexion, notamment pour favoriser le discernement. Notre démarche paraîtra peut-être audacieuse, mais nous croyons qu'il est capital de nous libérer de tes faux dieux. Et ainsi de te dégager, sacré bonheur, de toutes les pressions indues.

Introduction

Difficile de parler du bonheur sans se sentir personnellement et viscéralement concerné. De tout temps, les humains ont cherché, tant bien que mal, à être heureux. Plusieurs grands penseurs ont réfléchi sur cette question. Malgré le passage du temps, leurs écrits n'ont rien perdu de leur actualité et de leur pertinence. Avec la sécularisation, d'autres maîtres à penser ont tracé des chemins de sagesse qui définissent un art de vivre propre à assurer le bonheur. De quête humaine légitime, le bonheur est devenu, avec les penseurs modernes, une question vitale. Nous vivons dorénavant avec l'obligation d'être heureux. Étrangement, le bonheur nous attire et nous repousse à la fois. Nous ne pouvons plus nous passer de lui et, en même temps, les voies que nous avons empruntées ne nous conduisent pas au Graal tant désiré. Il est devenu l'objet d'un culte dans nos sociétés sécularisées.

Sacré bonheur perdu ou vénérable bonheur artificiel ? Notre représentation du bonheur nous a-t-elle apporté le Bonheur ? La conception matérialiste que nous en avons est-elle défendable ?

Notre bonheur à tout prix nous coûte-t-il trop cher ? Sommes-nous à l'heure des bilans et des comptes individuels et collectifs ? Questionner le bonheur de cette façon constitue un défi, sinon une folie, à une époque où il est devenu une obsession. Les médias, la publicité, les revues, les livres, les statistiques, les recherches scientifiques sont intarissables sur le sujet. Nous sommes submergés d'informations. Plus d'excuses pour ne pas savoir être heureux. Alors comment se fait-il que nous ne parvenions pas davantage à l'être ? Vivons-nous un rêve de félicité utopique ? La sacralisation du bonheur nous pousse à nous livrer à une quête infinie et souvent inutile. Dans notre quête, nous avons tellement concentré notre attention sur l'immédiateté du bonheur que nous avons perdu le sens du futur.

La société de consommation nous promettait un avenir radieux. L'avenir devait être nécessairement heureux, et le bonheur total ! Et pourtant, aujourd'hui, nous découvrons l'inanité du bonheur consommable. Nous sommes conscients que l'avenir ne s'annonce pas aussi radieux que nous l'avions cru. La dure réalité a ébranlé notre confiance dans la technique. Non seulement la consommation ne nous rend pas plus heureux, mais aussi elle menace l'avenir même de notre planète. Notre bonheur s'appelle jouissance immédiate, abondance, et il n'a pas de futur. L'amour des biens matériels va de pair avec les crises environnementales et la perte de confiance dans l'avenir. Malgré ces menaces concrètes, nous sommes, individuellement et collectivement, incapables de sortir du marasme du bonheur à consommer. Pourquoi ? Le bonheur serait-il en crise ? Peut-on se libérer de l'idéologie du bonheur à consommer ? Notre regard n'est pas que négatif, il est aussi positif. Aussi proposons-nous des solutions positives et concrètes pour chaque thème abordé dans cet ouvrage.

La lucidité en quête d'alternatives

Ce collectif cherche donc à poser un regard lucide sur l'engouement pour le bonheur qui caractérise ce début du XXIe siècle. Nous voulons amener le lecteur à réfléchir sur le thème du bonheur. La question essentielle est la suivante : le bonheur est-il une décevante illusion ou une possible voie de réalisation ? À quelles conditions ? La question se pose de manière particulièrement aiguë à l'époque actuelle. À cause, d'une part, de l'abondance matérielle accompagnée d'une absence de bonheur et à cause, d'autre part, du fait que l'intensité du bonheur est devenue le critère par excellence en matière de réalisation de soi.

La préparation de ce livre a été en quelque sorte une gageure. Nous avons invité des personnes venant de divers horizons à définir la pensée d'un auteur ou la manière dont il conçoit le bonheur, et de dégager en quoi sa conception donne lieu à des illusions ou, au contraire, permet à la personne ou à la collectivité de se réaliser. Cette façon d'aborder la question est, pensons-nous, très novatrice. Poser le sujet en partant de l'idée d'illusion ou de réalisation apporte un nouvel éclairage sur la question du bonheur. De plus, l'approche multidisciplinaire (arts, écologie, éthique, philosophie, psychologie, récréologie, sociologie, spiritualité) du sujet constitue une nouveauté. Les auteurs ont bien voulu limiter leur exposé à un nombre restreint de pages. La concision et la simplicité ont été les mots d'ordre, et ils ont été bien suivis.

Le présent livre se divise en trois parties : 1) Bonheur et sagesses ancestrales ; 2) Bonheur et art de vivre ; et 3) Bonheur et conscience sociale.

Dans la première partie, nous considérons les principales conceptions du bonheur qui ont cours en Occident : Aristote, les stoïciens, les épicuriens, les sceptiques, Augustin, Thomas d'Aquin et les Béatitudes. Les philosophes et les théologiens ont toujours affirmé que le bonheur centré sur l'acquisition de biens matériels est une illusion. Il faut croire que le message n'a jamais été entendu ! Les maîtres insistent sur la nécessité de séparer l'accessoire de l'essentiel. Pour eux, le bonheur s'inscrit aussi dans une vision à long terme. Dans les difficultés de la vie, il faut garder le cap sur l'essentiel, c'est-à-dire sur le bonheur. Prendre en compte le bonheur de l'autre est un devoir aux yeux des sages. Impossible d'être heureux seul. Faire du bien aux autres favorise leur bonheur ainsi que le nôtre. Patrick Snyder, Audrey Gamache et Carole Paris nous invitent à découvrir ou à redécouvrir des sagesses du bonheur qui restent d'actualité.

Dans la deuxième partie, nous explorons différents thèmes présents dans notre vie quotidienne : la psychologie, le loisir, la sexualité, la spiritualité et la passion créatrice. Nos conditions de vie, à nous Occidentaux, sont favorables au bonheur. Nous avons un toit, nous sommes bien nourris et nous sommes en santé. Pourtant, nous ne sommes pas vraiment heureux. Notre vie intime est tout aussi soumise au stress que notre vie sociale. Nous avons perdu l'art d'être heureux au quotidien. Nous avons laissé la consommation et la performance gruger nos énergies vitales. Paule Baillargeon, Yves Laferrière, Pierre Ouellette, Martine Pelletier et Patrick Snyder s'accordent pour dire que le bonheur est réellement un art de vivre, qu'il faut du temps pour arriver à un état intérieur stable, acquérir une vision du monde positive et maîtriser les passions. La capacité de vivre des relations épanouissantes avec ses proches est aussi un élément essentiel du bonheur. Il faut surtout accepter d'être toujours un apprenti en matière de bonheur.

Dans la troisième partie, nous fixons notre regard sur la crise «consumériste» que nous avons créée. Notre environnement naturel est menacé. Nous consommons pour être heureux et surtout pour ressentir des émotions aliénantes. Les images publicitaires que nous regardons nous disent ce que nous sommes. Dans ces conditions, difficile, voire impossible de sortir de l'illusion du bonheur à consommer. Il nous faut assumer nos responsabilités, résister à l'idéologie qui fait de nous des marchandises. C'est une absolue nécessité. Il nous faut comprendre que l'objet consommé ne procure pas le bonheur, mais une représentation simpliste. Anne-Marie Lemay, Martine Pelletier, Patrick Snyder et Louis Vaillancourt soutiennent que, pour sortir de cette crise, il faut changer radicalement de cap. Le développement marchand et technique ne procure pas le bonheur durable. Le sens du futur et l'avenir sont liés aux valeurs humanistes. La crise du sens et la crise de l'environnement menacent notre bonheur individuel et collectif. Cela ne se discute plus! Le bonheur passe maintenant par l'autolimitation, le développement durable et le partage des richesses. Nous devons apprendre à trouver le bonheur ailleurs que dans les biens matériels. Cela exige de nous que nous donnions un nouveau sens à nos vies ainsi qu'au mot bonheur. Il faut savoir envisager notre vide de sens avec lucidité et courage et non pas avec effroi et timidité. Sacré bonheur, notre salut passe par toi !

PREMIÈRE PARTIE

Bonheur et sagesses ancestrales

CHAPITRE I

Le bonheur selon Aristote : l'action dans la contemplation

Patrick Snyder[1]

Aristote (384-322 av. J.-C.) est né à Stagire (Macédoine). À dix-sept ans, il entre à l'académie de Platon. Il étudie avec le maître pendant neuf ans. À la mort de Platon, il quitte Athènes et devient le précepteur d'Alexandre le Grand. Treize années plus tard, il revient à Athènes pour y fonder le Lycée. Philosophe et homme de sciences, il a cherché à faire la somme du savoir de son époque. Son œuvre encyclopédique a influencé la pensée de l'Islam et de l'Occident. C'est dans l'*Éthique de Nicomaque*[2], aux livres I et X, qu'Aristote définit le bonheur. L'examen qu'il a fait de cette question est un des plus importants de l'Antiquité.

---

1. L'auteur est professeur agrégé au Département d'études religieuses de l'Université de Sherbrooke.
2. Nicomaque était le nom du fils d'Aristote. L'*Éthique de Nicomaque* lui a été dédiée ou a été éditée par lui.

Nous voulons être heureux

Selon Aristote, pour bien comprendre un sujet et en parler avec
compétence, il faut avoir acquis des connaissances le concernant.
« Chacun juge bien de ce qu'il sait ; là il se montre bon juge. Ainsi,
quand on est instruit sur un sujet particulier, on en parlera avec
compétence [...] » (*EN*[3], I, III, § 5). La question du bonheur
n'échappe pas à cette règle. Pour parler du bonheur avec compétence, il faut faire l'effort de saisir ce qu'est le bonheur. Le bonheur n'est pas une quête banale. Posez-vous la question : quel but
poursuis-je dans la vie ? « Sur son nom du moins il y a assenti-
ment presque général : c'est le bonheur, selon la masse et selon
l'élite, qui supposent que bien vivre et réussir sont synonymes de
vie heureuse [...] » (*EN*, I, IV, § 2 ; XII, § 8). Le bonheur figure
parmi nos aspirations légitimes. Nous voulons être heureux. Cela
ne dit pas en quoi consiste le bonheur. La définition du bonheur
ne fait pas consensus. Chacun le définit en partant de ses propres
besoins et de sa propre vie. « [M]ais sur la nature même du
bonheur, on ne s'entend plus et les explications des sages et de la
foule sont en désaccord » (*EN*, I, IV, § 2). Aristote cherche donc à
définir le bonheur.

Le bonheur est le bien le plus précieux

Aristote considère que le bonheur est le plus grand bien qu'il est
possible de posséder. « Le bonheur est donc le bien le plus pré-

---

3. ARISTOTE, *Éthique de Nicomaque*, traduction et notes de Jean Voilquin,
Paris, Garnier-Flammarion, 1992, 346 p. Nous utilisons cette traduction dans
nos citations.

cieux, le plus beau et le plus agréable» (*EN*, I, VIII, § 14 ; I, VII, § 1 et 4). Le bonheur ne réside pas dans l'acquisition d'honneurs ou de biens matériels (*EN*, I, VII, § 5 et 6). «Mais le bonheur n'est souhaité par personne en vue des avantages que nous venons d'indiquer, ni, en un mot, pour rien d'extérieur à lui-même. Or il est évident que ce caractère provient du fait qu'il se suffit entièrement» (*EN*, I, VII, § 5). Le bonheur doit être recherché pour lui-même. «Donc, de l'aveu général, le bonheur est complet, se suffit à lui-même puisqu'il est la fin de notre activité» (*EN*, I, VII, § 8). Pour être heureux, il faut cependant un minimum de biens matériels.

> En effet, il est impossible ou tout au moins difficile de bien faire si l'on est dépourvu de ressources. Car bien des actes exigent, comme moyen d'exécution, des amis, de l'argent, un certain pouvoir politique. Faute de ces moyens, le bonheur de l'existence se trouve altéré [...]. (*EN*, I, VIII, § 15 et 16)

Une vie heureuse implique toutefois que je sois capable de séparer ce qui est accessoire de ce qui est essentiel. «C'est de la même manière qu'il faut procéder également dans les autres domaines, afin que l'accessoire n'étouffe pas l'essentiel» (*EN*, I, VII, § 19).

La quête de bonheur demande du temps

La quête du bonheur n'est pas magique. Elle demande du temps et de la patience. Le bonheur s'inscrit dans le long terme.

Car une hirondelle ne fait pas le printemps, non plus qu'une seule journée de soleil; de même ce n'est ni un seul jour ni un court intervalle de temps qui font la félicité et le bonheur. (*EN*, I, VII, § 16)

Le temps est mon allié dans ma quête de bonheur. C'est à moi de maximiser mes possibilités de bonheur. « Il appartient, semble-t-il, à tout homme de pousser plus avant et d'ajuster ce qui a déjà reçu une esquisse suffisante; le temps peut contribuer heureusement à cette découverte, car il est bon auxiliaire » (*EN*, I, VII, § 17). Je suis donc responsable de me rendre heureux. Il est inutile d'attendre après le hasard ou la bonne fortune. « Aussi s'en remettre au hasard pour ce qui est essentiel et souverainement beau, ce serait émettre la plus fausse note » (*EN*, I, IX, § I, 6 et 7).

Il faut être réaliste dans sa quête de bonheur

Aristote définit le bonheur comme « [...] l'activité de l'âme[4] dirigée par la vertu » (*EN*, I, VIII, § 8). Le bonheur est « l'épanouissement de l'activité de l'âme » à travers la recherche du bien (*EN*, I, XIII, § 6). La pratique de la vertu est nécessaire pour accéder au bonheur.

Dans la mesure cependant où l'homme participe à la condition humaine et où il partage son existence avec de nombreuses personnes, il lui faut en première ligne exécuter les actes conformes à

---

4. Au sujet de l'âme chez Aristote: « [...] ce sont les biens de l'âme que nous reconnaissons comme les plus importants et les plus précieux. D'ailleurs nous plaçons dans l'âme même l'activité créatrice et les actes » (*EN*, I, XIII, § 2).

la vertu morale[5], il aura besoin de ces moyens pour vivre selon sa condition d'homme. (*EN*, X, VIII, § 1 et 6)

La quête du bonheur n'est pas aléatoire. Il importe de comprendre les enjeux moraux qui le sous-tendent. Le bonheur s'inscrit dans une quête de stabilité à long terme.

Il est manifeste, en effet, que si nous suivions les changements de fortune, nous serions obligés de déclarer souvent qu'un même individu est tantôt heureux, tantôt infortuné, faisant de l'homme heureux je ne sais quelle sorte de caméléon ou une espèce de construction délabrée et branlante. (*EN*, I, X, § 8)

Pour vraiment être heureux, dans une perspective à long terme, je dois éviter d'accomplir des «actes odieux et vils» (*EN*, I, X, § 13). Cela tombe sous le sens. Je dois aussi savoir que la vie comporte des moments difficiles, que je peux parfois avoir à traverser des épreuves. Toutefois, le bonheur n'est pas ponctuel, il englobe notre vie entière. Dans les moments difficiles, la quête du bonheur n'est pas abandonnée, elle demeure un objectif dans notre vie.

Puisqu'il en est ainsi, jamais l'être qui possède le bonheur ne peut être misérable. [...] Il ne sera pas facile de le déloger du bonheur; les infortunes communes n'y suffiront pas: il faudra pour cela de grands et multiples malheurs à la suite desquels il aura besoin de temps pour retrouver le bonheur [...]. (*EN*, I, X, § 14)

---

5. Pour Aristote, il y a les vertus intellectuelles: la sagesse et la prudence réfléchie, et les vertus morales: la générosité et la tempérance (*EN*, I, XIII, § 20).

Le sage Aristote affirme que la quête de bonheur doit être réaliste. Je ne peux espérer avoir une vie sans embûches. Je dois aspirer à être «heureux comme peut l'être un homme» ou une femme (*EN*, I, X, § 15). Voilà une parole très juste. Votre recherche du bonheur est-elle réaliste? Vous devez accepter que le bonheur ne soit pas constant. Cela ne veut pas dire que votre vie doit être terne. Au contraire, le plaisir est intimement lié au bonheur.

Les plaisirs sont essentiels au bonheur

La quête de plaisir détermine ce que nous sommes comme être humain. «Car le plaisir semble être absolument consubstantiel à notre espèce [...]» (*EN*, I, § 1). Le plaisir a une grande influence sur notre bonheur (*EN*, X, I, § 1). Le plaisir vient «parachever» l'activité que j'accomplis. En d'autres mots, si j'ai du plaisir à faire une activité, celle-ci me rendra meilleur (*EN*, X, IV, § 6 et 8).

> [C]'est ainsi que ceux qui ont plaisir à pratiquer la géométrie deviennent meilleurs géomètres et qu'ils saisissent mieux les différentes parties de cette science; il en va de même pour ceux qui aiment la musique, l'architecture et les autres arts; ils font des progrès dans l'occupation qui leur est propre, quand ils y trouvent du plaisir. (*EN*, Livre X, V, § 2)

Avoir du plaisir à faire une activité ou un travail a un effet positif dans ma vie. Le plaisir «[...] parachève donc la vie à quoi tendent les hommes» (*EN*, X, IV, § 10). La recherche du plaisir dans une activité et dans sa vie est une «chose désirable» (*EN*, X, IV, § 10). Toutefois, Aristote nous prévient que le plaisir peut s'émousser. Nous ne pouvons continuellement avoir du plaisir dans une activité ou dans notre vie.

> Car rien de ce qui est humain n'est capable de déployer une activité sans interruption. Le plaisir lui non plus ne peut donc être continuel, puisqu'il accompagne l'activité. Or certains objets nous font plaisir dans leur nouveauté ; mais à la longue [...] ils nous plaisent moins ; [...] il en résulte que le plaisir lui aussi s'émousse. (*EN*, X, IV, § 9)

Aristote distingue entre plaisir et amusement. Le plaisir me rend meilleur dans une activité ou dans ma vie. L'amusement est un divertissement ponctuel. La vie ne peut pas avoir comme unique but l'amusement (*EN*, X, VI, § 6). Toutefois, le divertissement est nécessaire dans la vie. Il nous permet de nous restaurer. « Le divertissement ressemble à un repos et l'homme, ne pouvant travailler sans interruption, a besoin de repos » (*EN*, X, VI, § 6).

Le bonheur est dans la contemplation active

Selon Aristote, nous pouvons vivre trois genres de vie. La grande majorité des gens choisissent une vie de jouissances. Les puissants recherchent le bonheur dans les honneurs. La troisième voie est celle de la vie contemplative ; elle mène au bonheur véritable (*EN*, X, VIII, § 6). C'est la voie la moins fréquentée. La vie contemplative consiste dans l'activité de l'esprit (*EN*, X, VII, § 2). La vie contemplative, dans la mesure où elle est constante, conduit à la sagesse (*EN*, X, VII, § 3 à 7). Elle est indispensable à notre vie, puisqu'elle est la vraie voie du bonheur (*EN*, X, VII, § 4).

> Plus notre faculté de contempler se développe, plus se développent nos possibilités de bonheur et cela, non par accident, mais en vertu même de la nature de la contemplation. Celle-ci est précieuse par elle-même, si bien que le bonheur, pourrait-on dire, est une espèce de contemplation. (*EN*, X, VIII, § 8)

Selon Aristote, la vie contemplative demande un corps en bonne santé, une nourriture suffisante ainsi qu'un certain nombre de biens. Toutefois, le bonheur, rappelle-t-il, ne s'acquiert pas par l'accumulation de biens matériels.

> En effet, la capacité de se suffire à soi-même et la possibilité d'agir ne résident pas dans l'excès des biens. Il est fort possible d'agir en homme de bien sans commander à la terre et à la mer entière. Avec des ressources médiocres, on a toute possibilité d'agir conformément à la vertu. (*EN*, X, VIII, § 9)

Cela se comprend, la vie contemplative est activité pour Aristote. Il ne s'agit pas de méditer sans prendre part activement au monde. Nous pouvons prendre part au monde même avec « de maigres ressources » (*EN*, X, VIII, § 10). Contempler, c'est prendre le temps de bien comprendre les enjeux intellectuels et moraux d'une situation de manière à pouvoir agir adéquatement. Cela me permet de mieux diriger ma vie et d'assumer mon rôle social. Voilà la voie du bonheur à long terme pour Aristote.

Conclusion

Pour Aristote, le bonheur est une illusion quand il consiste uniquement dans des jouissances futiles, dans les honneurs et dans une satisfaction de mes propres intérêts qui oublie les autres. Il est aussi une illusion quand je le considère stable et immuable. Le bonheur permet de s'améliorer quand il s'inscrit dans des activités quotidiennes conformes au bien moral, quand je dois ajuster le tir et travailler à changer ma vie, quand je comprends que bonheur et plaisir sont intimement liés, quand je comprends que, pour être heureux, il faut pouvoir se plonger dans une contemplation active.

CHAPITRE II

Le bonheur dans l'absence : trois conceptions hellénistiques du bonheur

Audrey Gamache[1]

Un changement de perspective dans un empire ébranlé

On le disait impétueux et fin stratège. Ses mentors ont été Aristote d'abord, puis Homère, dont les récits demeuraient à son chevet. Son mariage fut à l'image de son rêve : une alliance entre les peuples que son armée a conquis. Un rêve aux aspirations universelles, il va sans dire, mais également un rêve qui eut pour effet de bouleverser les mœurs, les repères traditionnels, les vérités profondes de ces peuples de la Méditerranée et du Moyen-Orient soumis à sa domination.

Alexandre le Grand a eu une existence brève. Certes, ses années de règne suffirent à faire de lui une figure de premier plan

---

1. L'auteure est professeure de philosophie au Cégep de Saint-Jean-sur-Richelieu. Elle a fait son mémoire de maîtrise en philosophie à l'Université de Sherbrooke sur les conceptions hellénistiques du bonheur et leur réactualisation.

dans l'histoire de l'Antiquité. Toutefois, le chaos social suivit sa mort à l'âge de 32 ans et amena un changement important dans l'histoire de la philosophie. La disparition de ce jeune conquérant macédonien marque le début de l'époque dite hellénistique[2] pendant laquelle un intérêt pour le bonheur en tant que tranquillité de l'esprit se manifeste.

En effet, le mélange des cultures résultant des conquêtes d'Alexandre et les guerres qui amenèrent le désarroi et la peur après sa mort ont eu pour effet de semer le doute dans les esprits. L'historien Pierre Lévêque dit qu'à l'époque hellénistique « la soif du salut se fait tourment[3] ». Voilà qui n'est pas étranger à la volonté des « écoles » philosophiques de l'époque de réconforter les individus éprouvés. On constate à l'époque hellénistique un désir de retrouver une satisfaction au fait de vivre alors que l'atmosphère était au déséquilibre et à la confusion.

Nous nous attarderons sur trois écoles philosophiques de cette époque troublée qui énoncent des préceptes de bonheur. Dans ces trois écoles, le bonheur est considéré en tant qu'attitude ou encore en tant que pratique. Selon les philosophes de ces écoles, il faut s'exercer au bonheur. Celui-ci consiste non pas dans une « accumulation », une « euphorie constante » ou une « suite de succès », mais plutôt dans une « absence ». En effet, le bonheur hellénistique correspond à une absence de troubles (*a-taraxia*),

2. L'époque hellénistique commence à la mort d'Alexandre le Grand (323 av. J.-C.) et s'achève en 30 av. J.-C. avec la bataille d'Actium, à la suite de laquelle les Grecs tombèrent sous la domination des Romains.

3. Pierre LÉVÊQUE, *Le monde hellénistique*, Paris, Armand Colin, 1992, p. 185.

un état de tranquillité qui exige une discipline personnelle pour pouvoir se maintenir.

Les philosophies hellénistiques ont fait du bonheur le but de la vie et ce bonheur, elles le retrouvent dans l'absence, en tout temps, de tout ce qui nuit à la tranquillité de l'esprit : tourments, sentiments excessifs, peur de ce que le sort nous réserve, douleurs physiques[4]. Mais n'est-il pas illusoire de croire que cette absence de troubles puisse durer ? Une telle tranquillité d'esprit est-elle seulement accessible à l'être humain ? Être maître de ses émotions, ne pas se laisser emporter, maintenir un équilibre, une tranquillité malgré les exigences et les imprévus de la vie, sans que la vie devienne insipide. Comment faut-il faire pour atteindre un tel genre de bonheur ?

Tous ne s'entendront pas, justement, sur le comment. Pour certains, il suffira de placer toute leur confiance dans le *logos*, l'ordre de l'univers, et de dissiper ainsi les doutes à l'égard du fonctionnement du monde. Cette foi dans le destin et dans la nécessité de toute chose est caractéristique des stoïciens. Afin d'assurer le bonheur, d'autres philosophes s'appliquaient à écarter toute croyance et tout plaisir susceptibles de nuire à leur bien-être. Les épicuriens ont ainsi conçu une thérapie du corps et de l'âme. Les philosophes sceptiques jugeaient que ce qui menace le plus le bonheur est la recherche de la vérité, dans laquelle on s'engage totalement et on se montre parfois dogmatique. Ils sont d'avis que c'est seulement dans la mesure où l'on cesse de vouloir à tout prix le bonheur qu'on peut le trouver.

---

4. Nous verrons plus loin à quelle doctrine chacun des éléments de cette énumération est associé.

Considérons maintenant plus en détail chacune de ces trois philosophies du bonheur. L'absence de trouble à laquelle nous convient les stoïciens, les épicuriens et les sceptiques est-elle illusoire ? Tentons de déterminer si les différentes doctrines du bonheur sont conçues pour des dieux ou pour des êtres humains.

Le bonheur selon les stoïciens

Une vie vertueuse, une vie heureuse

L'école stoïcienne a été fondée à la fin du IVe siècle av. J.-C. L'enseignement se faisait sous un portique de l'agora d'Athènes. Ainsi, les philosophes du Portique (*stoa* en grec, d'où le mot stoïcisme) s'y rassemblaient pour apprendre l'art de vivre heureux. Selon les plus sages parmi eux, il importe de «vivre en accord avec la nature». Ils enseignent qu'il faut accepter le fait que la nature est soumise au *logos* ou au Destin.

«Vivre en accord avec la nature» signifie également demeurer fidèle à notre propre nature. Selon les stoïciens, la nature humaine n'est aucunement vicieuse, bien au contraire. Par nature, l'être humain tend à la vertu. Être au service du bien et agir pour le mieux, c'est ce qui rend l'homme heureux, beaucoup plus que la richesse, la gloire ou même la santé. Avoir une conduite droite est thérapeutique pour les stoïciens, affirme Cicéron. Ce dernier dit que le vice est «la source des perturbations qui [...] sont des mouvements désordonnés et brutaux[5]», lesquels s'opposent à la

---

5. CICÉRON, *Tusculanes* IV, 29, 34-35, dans Anthony LONG et David SEDLEY, *Les philosophes hellénistiques*, t. II : *Les stoïciens*, Paris, Garnier-Flammarion, 2001, p. 467.

paix de l'âme. Ainsi, la vertu protège des angoisses et des peurs et, ici encore, nous retrouvons le souci de fonder le bonheur sur l'élimination des causes de malheur.

Le sage éprouve du contentement à servir la raison et le bien. Certains stoïciens, et en particulier Sénèque, parlent d'une joie immense, d'une sérénité infinie, d'un soulagement et d'un sentiment de liberté extrêmes.

La maîtrise de soi : une discipline de vie

S'attachant à vivre vertueusement, les stoïciens s'opposent à la recherche des plaisirs et à la satisfaction d'intérêts égoïstes. En ce sens, ils considèrent les sentiments excessifs, les obsessions et l'ambition comme résultant de jugements erronés. Les passions irraisonnées nuisent à la tranquillité d'esprit. Les stoïciens nous invitent donc à demeurer indifférents à l'appétit, à la peur, au plaisir et à la douleur.

Si nous cédons à tous nos désirs, si nous nous laissons envahir par le chagrin ou griser par le succès, nous agissons de manière insensée. Cette attitude qui est contraire à la raison va à l'encontre de la nature. Épictète, dans ses *Entretiens*, dit que les passions affectent le jugement et n'apportent que confusions, infortunes, calamités, haines.

Est-ce à dire que les stoïciens restent aussi froids que le marbre ? Leur doctrine ne prescrit pas l'absence de sentiment. Il s'agit plutôt de faire ce qui convient : remplacer la peur par la prudence, le désir par le souhait et le plaisir par la joie.

L'acceptation : le choix rationnel

Les stoïciens trouvent un réel réconfort dans la contemplation du monde. Celui-ci leur apparaît fonctionnel, bien ordonné et, qui plus est, bien intentionné. Par l'observation de la nature, on apprend qu'il y a des choses sur lesquelles on n'a aucun pouvoir et que, en définitive, cela est bien ainsi. Tout obéit à la nécessité. La cosmologie des stoïciens comporte un principe non seulement organisateur, mais aussi bienveillant.

Bien que l'ordre du monde soit assuré par une puissance prévoyante, les stoïciens considèrent que la liberté est malgré tout possible parce que l'être humain est doué de raison, qu'il «a le pouvoir de donner un sens aux événements que le destin lui impose et aux actions qu'elle produit[6]». Autrement dit, l'homme a le pouvoir de qualifier les choses, de regarder un même événement comme insurmontable ou comme facile à maîtriser.

Les adeptes du stoïcisme, pour accéder au bonheur, doivent donc distinguer ce qui dépend de leur volonté de ce qui n'en dépend pas. Ils s'appliquent à délimiter leur «champ d'action», dirons-nous, et à agir de façon à servir le bien. Ainsi ils concentrent leur énergie sur ce qui est en leur pouvoir et s'accommodent du reste en changeant l'opinion qu'ils en ont.

Savoir délimiter son «champ d'action» est nécessaire au bonheur. Cela amène un lâcher-prise plutôt qu'un acharnement inutile. Mais demeurer indifférent ou du moins accepter les événements qui sont indépendants de notre volonté, est-ce possible?

---

6. Pierre HADOT, *Qu'est-ce que la philosophie antique?*, Paris, Gallimard, 1995, p. 204.

Tournons maintenant notre regard vers l'épicurisme, mais il y a
là matière à discussion…

Le bonheur selon les épicuriens

Les plaisirs du corps et de l'âme : une philosophie thérapeutique

En 306 av. J.-C., Épicure (341-270) fonde une école dans un jardin
d'Athènes. Au cœur de son enseignement se trouve le principe
du plaisir. C'est à une jouissance permanente d'un maximum
de plaisirs que ses adeptes sont conviés, bien qu'il leur faille
d'abord déterminer lesquels. Cette recherche du plaisir leur
vaut le surnom de « pourceaux d'Épicure » et oppose directement l'épicurisme au stoïcisme. Toutefois, vu la manière dont il
ordonne les plaisirs, l'épicurisme encourage plus la sobriété que
la luxure.

Dans sa recherche d'un art de vivre heureux, Épicure juge bon
d'éliminer les causes du malheur. Il considère que ce qui perturbe l'âme, ce sont les fausses croyances, la crainte des dieux et
de la mort. En effet, à cette époque, les colères divines et la vie
post mortem suscitaient de fortes angoisses. Selon Épicure, ces
peurs sont une maladie qui affecte les insensés et elles peuvent
être traitées par le remède que représente la philosophie. Cette
doctrine met donc la raison au premier plan, car c'est par elle que
les croyances peuvent être validées ou rejetées, et que le bonheur
est possible.

La hiérarchie des plaisirs : la sagesse de la prévoyance

À l'école d'Épicure, on enseigne que, pour être heureux, on doit rechercher le plaisir et éviter la douleur. Cependant, tous les plaisirs ne se valent pas. Épicure refuse un plaisir qui a des effets néfastes et conseille de tolérer un mal qui comporte un plaisir suffisamment grand. Autrement dit, la recherche du bonheur suppose en quelque sorte une évaluation des avantages et des inconvénients. Il faut faire une sélection rationnelle des plaisirs selon leur capacité à faire durer un état sans douleurs et sans préoccupations. La recherche rationnelle du bonheur tient compte de la manière dont se distribuent les plaisirs :

1) Les *plaisirs naturels nécessaires* sont associés aux besoins vitaux et ils apaisent la douleur associée à la faim, au froid, au manque de sommeil ou à une mauvaise hygiène. La philosophie et l'amitié font partie de ce genre de plaisir. Il est nécessaire de satisfaire ces besoins pour connaître l'ataraxie.

2) Les *plaisirs naturels non nécessaires* correspondent à un désir de luxe, de beau, de volupté. Sans éliminer totalement ces plaisirs, Épicure estime nécessaire de les restreindre le plus possible.

3) Les *plaisirs ni naturels ni nécessaires* sont à éviter. Selon Épicure, le désir de pouvoir, de gloire, de richesse ou d'immortalité va à l'encontre du bonheur. Il en va de même de l'excès dans le plaisir : le plaisir de manger tournant à la gourmandise, le plaisir de dormir dégénérant en paresse, le plaisir attaché à l'amitié devenant passion amoureuse. Il est erroné de croire que le bonheur peut se trouver dans ce qui excède les limites de la nature ou que le plaisir peut s'accumuler.

La sobriété s'inscrit dans l'idéal de sagesse d'Épicure. Dans l'épicurisme, on s'exerce à jouir de chaque instant, certes, mais surtout à prévoir les conséquences de ses désirs. Épicure recommande donc non pas d'éradiquer le plaisir, mais de le régler, de façon à faire durer l'état de tranquillité qui caractérise le bonheur.

La mort : une peur injustifiée

Selon Épicure, la source des pires malheurs est la crainte de la mort. Il s'attache à corriger la perception qu'on a de cette dernière et se fait rassurant à propos de l'âme. Plusieurs individus craignent de voir celle-ci éprouver de terribles souffrances après la mort. Mais comme elle est corporelle (selon les croyances atomistes d'Épicure), elle est mortelle et disparaît en même temps que la vie. L'idée de l'immortalité de l'âme est ainsi répudiée, de même que celle d'une souffrance dans l'autre monde.

La mort n'est rien pour nous, dit Épicure dans la *Lettre à Ménécée*[7]. Elle ne peut être objet d'expérience, car l'être humain cesse d'exister quand elle survient. Il n'y a donc pas lieu de la craindre. Cela dit, de la tristesse peut être ressentie lors de la perte d'un ami (sans toutefois qu'on doive s'abandonner aux effusions). La réminiscence affective, c'est-à-dire se souvenir des meilleurs moments passés avec le défunt, est alors d'un grand secours.

---

7. «Familiarise-toi bien avec le fait de penser que la mort n'est rien par rapport à nous. Car tout bien et tout mal résident dans la sensation. Or, la mort constitue une privation de la sensation» (Épicure, *Lettre à Ménécée*, X, 124, dans André CARRIER [dir.], *L'art de vivre. Les stoïciens et Épicure*, Anjou, CEC, 1998, p. 172).

La doctrine vaut tant que la mort est perçue comme un état d'inertie. Elle peut toutefois sembler vaine face à l'acte lui-même de mourir qui peut être anticipé avec effroi. La peur reste totale également lorsque nous prenons conscience de notre finitude et surtout de l'annihilation dont s'accompagne la mort. Pierre Bayle dit dans le *Dictionnaire historique et critique* : « [L]'argument d'Épicure et de Lucrèce n'était pas bien arrangé, et il ne pouvait servir que contre la peur des peines de l'autre monde. Il y a une autre sorte de peur qu'ils devraient combattre ; c'est celle de la privation des douceurs de cette vie[8]. » À cela, Épicure n'offre pas de remède.

Le bonheur selon les sceptiques

Le doute : cesser de chercher... pour mieux trouver

Considéré comme une doctrine philosophique importante de l'époque hellénistique, le scepticisme érige le doute en système. N'ayant pas les caractères d'une école, il est d'abord et avant tout la philosophie d'un homme, Pyrrhon d'Élis (360-270 av. J.-C.). Celui-ci juge qu'aucune explication du monde ni aucune recette de bonheur n'est concluante. Ainsi pratique-t-il l'*épochè*, c'est-à-dire la suspension de jugement, plutôt que de se prononcer sur ce dont il n'est pas certain.

8. Pierre BAYLE, *Dictionnaire historique et critique* (1697), Genève, Slatkine Reprints, 1969, art. « Lucrèce », t. IX, p. 527-528, dans Jean SALEM, *L'éthique d'Épicure ; tel un dieu parmi les hommes*, Paris, Vrin, 1990, p. 207. Pour connaître les opinions de Lucrèce sur le sujet, voir Lucrèce, *De la nature*, III, 830-911, 1-3.

Le scepticisme s'oppose donc au stoïcisme et à l'épicurisme, car, dans ces doctrines philosophiques, le bonheur se fonde sur la connaissance privilégiée qu'a le sage du «pourquoi» et du «comment» de toute chose. Le discours pyrrhonien, lui, «aboutit à sa propre autosuppression, pour ne laisser la place qu'à un mode de vie[9]». Celui qui cesse d'aspirer à connaître la vérité est susceptible de connaître le bonheur; car la recherche du vrai est la principale source de troubles.

Le bon et le mauvais : ni mieux, ni pire... ni vrai

Contrairement aux dogmatiques, Pyrrhon est d'avis que l'individu est incapable de connaître la vérité des choses. Qu'est-ce donc que le bonheur? Quel est le véritable chemin pour y accéder? Qu'est-ce qu'un sage, fondamentalement? Ces questions qui visent à établir une vérité n'ont pas lieu d'être aux yeux de Pyrrhon. Selon lui, la vérité n'a pas de réalité. Pourquoi alors s'efforcer de l'atteindre, comme le font ces deux écoles dogmatiques que sont le stoïcisme et l'épicurisme? Une telle dépense d'efforts empêche l'ataraxie.

Pyrrhon n'a rien écrit. L'un de ses élèves, Timon de Phlionte, a décrit la manière de vivre de son maître[10]. Cet art repose sur trois idées : la nature des choses est indifférente, l'attitude à adop-

---

9. C'est-à-dire non pas dans le monde de l'abstraction, mais dans celui du concret (voir HADOT, *op. cit.*, p. 222).

10. Préférant vivre sa philosophie, Pyrrhon ne laisse aucun livre. Les mésaventures dues à la distraction du philosophe témoignent malgré tout d'un souci pédagogique.

ter à leur égard consiste à suspendre le jugement et le résultat d'un tel comportement est l'ataraxie. Voyons cela de plus près.

1) Selon Pyrrhon, les choses et les événements ne sont ni bons ni mauvais en soi, mais simplement indifférents. Ainsi, la mort, la maladie, un échec amoureux ne sont pas des phénomènes mauvais. En fait, aucune *nature* n'existe[11], selon Pyrrhon. Il n'y a pas de *mal* à être un perdant ou à être vieux. Ce sont les humains qui voient ces choses comme mauvaises.

2) Pyrrhon, devant cette indifférence des choses, ne formule aucune assertion et se contente de dire que les choses ne sont ni meilleures ni pires les unes que les autres. Est-ce que le bonheur oblige à croire au destin ? Eh bien, croire au destin n'est pas fondamentalement meilleur ni pire que croire au hasard. Alors, que répondre ? Peut-être que oui, peut-être que non.

3) La compréhension du caractère indifférent des choses (point 1) jointe à la suspension de jugement (point 2) conduisent à l'ataraxie. Souvenons-nous que Pyrrhon juge que ce qui nuit au bonheur, ce sont les opinions. Ainsi, en s'abstenant d'en formuler, il se garde de tout mécompte et connaît la tranquillité de l'esprit.

Il va sans dire que Pyrrhon estime que les querelles d'idées des philosophes occasionnent beaucoup de perturbations inutiles. Comme les dogmatiques provoquent des disputes acharnées, Pyrrhon semble effectivement être le seul à être exempt de tout trouble.

---

11. Selon l'interprétation de Marcel Conche, car d'autres auteurs jugent que Pyrrhon ne va pas jusqu'à dire qu'il n'y a aucune vérité, mais simplement que celle-ci est inaccessible à l'être humain.

La tranquillité de l'esprit: une vie sans foi ni conviction

Bien après la mort de Pyrrhon, sa philosophie suscitait encore de l'intérêt. Parmi ceux qui ont loué les mérites de la tranquillité pyrrhonienne, nous retrouvons Sextus Empiricus (iie-iiie siècle), qui s'est employé à faire connaître la doctrine sceptique.

Sextus Empiricus s'applique à montrer l'identité du bonheur et de la tranquillité. Il soutient que seul le sceptique peut être heureux. Il s'appuie sur une opinion commune à son époque voulant que la personne heureuse aime la tranquillité et que seule la personne heureuse mène une vie tranquille. Sextus Empiricus pense qu'une personne ne croyant ni dans le bien (dont elle pourrait être privée) ni dans le mal (qu'elle pourrait subir) est sans doute exempte d'inquiétude. Le dogmatique attaché à ses convictions ne peut être tranquille et, de ce fait, ne peut être heureux. Le sceptique peut être tranquille et, donc, il est le seul à pouvoir être heureux[12].

Il ressort de l'enseignement de Sextus Empiricus qu'il n'existe pas d'art de vivre. Il n'y a pas de science du bonheur. L'atteinte de l'ataraxie relève plus du hasard que de l'art. Préférant suspendre son jugement plutôt que de formuler des théories sans fondements, le sceptique délaisse la quête de connaissance. Il se retrouve à l'écart des querelles et des débats de toutes sortes et son état devient paisible et tranquille. Ainsi, c'est lorsque le sceptique met fin à sa quête de bonheur que le bonheur vient à lui. Voilà pourquoi nous disions plus haut que le bonheur n'est pas un but. L'*épochè* en est un.

12. Voir Sextus Empiricus, M, XI, 110-116.

La sagesse héllénistique est-elle illusoire ?

Dans notre bref survol, nous avons mis en lumière une concep-tion particulière du bonheur qui insiste sur l'absence de trouble (*ataraxia*). Mais les sources du trouble diffèrent selon les trois philosophies que nous avons considérées. Selon les stoïciens, le doute concernant l'ordonnance du monde trouble notre paix ; selon les épicuriens, tout plaisir et toute croyance (notamment sur la mort) nuisent à notre bien-être en nous inspirant du souci ; selon les sceptiques, le désir de connaître la nature des choses est la principale source d'inquiétude. Ainsi, les façons d'arriver au bonheur sont différentes, chacune comportant des exigences ainsi qu'un mode de vie particulier. Être heureux est un travail constant et relève de la volonté de l'individu.

Cette exigence ainsi que la nature même d'un bonheur dans l'« absence » prêtent flanc à la critique. Citons une de ces criti-ques :

> Il est sans doute caractéristique de cette période troublée que les plus grandes philosophies se lancent à la recherche du bonheur. Mais ce bonheur n'est possible que dans le détachement de l'âme, qui s'arrache par la violence de l'ascèse aux troubles du monde [...] Ainsi un nouvel idéal moral se dégage : au héros des premiers temps, au citoyen des âges classiques succède le Sage. Il y a quelque rési-gnation dans cette conception, une fuite devant le réel qu'il faut dominer faute de le pouvoir assumer[13].

Ainsi, on reproche à ces philosophes de faire abstraction de la réalité sociale et politique dans leur recherche de la paix de

13. LÉVÊQUE, *op. cit.*, p. 153-154.

l'esprit. Voyons en quoi cette critique s'applique à chacune des trois conceptions du bonheur hellénistique.

Comment être maître de soi à ce point?

Pour illustrer cela, considérons de nouveau la notion de liberté chez les stoïciens, laquelle consistait à ajuster sa manière de voir en fonction des événements. Par exemple, le départ d'un fils pour la guerre est perçu non pas comme un événement déchirant et angoissant, mais plutôt comme une nécessité. Le changement de point de vue amène donc l'acceptation et l'ataraxie.

Certains perçoivent dans cette manière de voir un principe de la sagesse. D'autres cependant y décèlent quelque chose de désespéré : reconnaissant n'avoir aucune prise sur la marche du monde, on se console en se disant que ce qui arrive est juste.

Comment maintenir le plaisir
dans les moments difficiles?

Poursuivons avec la critique de la doctrine d'Épicure formulée par Plutarque, un biographe et un moraliste du début de notre ère. Ce dernier considère que la réminiscence n'apporte qu'une jouissance imaginaire et que l'oubli n'est qu'une négation de la réalité psychologique[14]. Comment des souvenirs, si heureux et si

14. À propos du baume que représente la réminiscence : «voluptés imparfaites, et jouissances imaginaires en l'air», PLUTARQUE, *Contra Epic. beat.*, 1089 b-c. En ce sens : «Si le plaisir passé semble si faible contre la douleur actuelle, n'est-ce pas tout simplement que détacher l'esprit de la vision des maux en évoquant celle des biens, est chose ordinairement impossible?»,

intenses soient-ils, pourraient-ils compenser la perte d'un être cher ?

Mais Épicure affirme qu'il faut faire de l'oubli une science, qu'elle est un sage moyen de sélection. Guidée par la raison, la mémoire permettrait de laisser le malheur derrière soi. « Savoir user de la mémoire comme d'une réserve de bonheur : voilà qui couronne la sagesse, selon le maître du Jardin[15]. » Il convient de se réjouir de ce qui a été agréable et non pas compter sur ce qui est absent, ce qui serait mal user du temps. Rappelons-nous des souvenirs heureux pour faire face sereinement aux situations difficiles. Voilà le principal moyen d'accéder au bonheur.

Comment se contenter d'un peut-être et prendre position sans risquer de se tromper ?

On a reproché au scepticisme de se confiner dans la passivité. En effet, l'attitude impassible que prône Pyrrhon est-elle réalisable ? Peut-être que Dieu existe, peut-être qu'il n'existe pas… Est-il possible de ne rien affirmer ? de ne rien croire ? de s'abstenir de juger ? Prendre position, n'est-ce pas là au contraire un moyen d'acquérir de l'assurance et, par le fait même, d'obtenir le bonheur ?

Mais pour Pyrrhon, prendre position, c'est risquer de faire un mauvais choix. Les efforts déployés à convaincre les autres d'une idée qui peut se révéler fausse sont vains. Défendre quoi que

---

HIERONIM., *Comm. In Isaiam*, 1. XI, c.38 [Us. 437]. « C'est là un oubli contre lequel la nature proteste », CICÉRON, *Tusc.*, III, XXXI, 76. Les trois citations proviennent de SALEM, *op. cit.*, p. 47-48.

15. *Ibid.*, p. 49.

ce soit avec conviction représente un risque. Cela fait obstacle à la tranquillité de l'esprit. Il est donc plus sage de s'abstenir d'émettre un jugement.

Mais d'autres sceptiques, après Pyrrhon, diront que l'homme doit croire en certaines choses. Arcésilas et Carnéade, deux maîtres de la Nouvelle Académie, estiment que, sans prise de position, nous sommes voués à l'inaction. Tout de même persuadés que la vérité est insaisissable, Arcésilas table sur ce qui lui paraît être le plus *raisonnable* et Carnéade, sur ce qui lui paraît le plus *vraisemblable*. Ainsi, nous ne savons pas toujours quelle action il convient d'accomplir, mais nous pouvons tout de même agir en fondant notre jugement sur ce qui nous paraît être le plus raisonnable. De même, nous pouvons douter qu'un fait soit vrai, mais nous le croirons tel s'il semble suffisamment vraisemblable.

Conclusion

Outre le fait qu'on peut considérer que les trois principales philosophies de l'époque hellénistique manquent de rigueur, qu'elles s'accordent mal avec la réalité et qu'elles surestiment la capacité de l'être humain à vivre dans le doute, le principe même de l'ataraxie peut sembler problématique. Que penser du contentement trouvé dans une vie sans troubles, tranquille, paisible? En quoi cela serait-il susceptible de nous contenter?

Les stoïciens, les épicuriens et les sceptiques veulent nous munir de principes susceptibles de nous procurer une vie exempte de soucis. La principale lacune de leur conception du bonheur réside probablement dans l'idée que l'absence de troubles, de problèmes et de préoccupations suffirait à nous rendre heureux. Ne tirons-nous pas une satisfaction des projets accomplis et des épreuves surmontées? Les moments les plus intenses ne sont-ils pas parmi les plus précieux de notre vie, même s'ils ont eu des suites désagréables? N'avons-nous pas besoin de plus que l'ataraxie pour être heureux?

Cette retenue dans la définition même du bonheur est certainement la pierre angulaire de la sagesse hellénistique. Le bonheur est déjà là, nous dit-elle. Il suffit d'un changement d'attitude pour le rendre présent. Les trois doctrines qui nous intéressent ici nous parlent d'un bonheur qui est à notre portée, puisqu'il repose sur la manière dont nous considérons les choses qui nous entourent. Libre à nous de chercher un bonheur qui repose sur ce qui ne dépend pas de nous et qui est continuel. Certains, dans leur recherche, seront moins chanceux que d'autres.

CHAPITRE III

La vie heureuse selon Augustin

Patrick Snyder[1]

Augustin (354-430) est né à Thagaste en Afrique. Il a été professeur de philosophie à Carthage, Rome et Milan. Avant sa conversion au christianisme, il a cohabité avec la même femme pendant 15 ans et a eu avec elle un fils nommé Adéodat (372). Sous l'influence de sa mère, sainte Monique, et de saint Ambroise de Milan, il se convertit au christianisme. Il est baptisé à 32 ans par Ambroise dans la nuit pascale du 24 au 25 avril 387. Après sa conversion, il revient en Afrique et opte pour le sacerdoce en 391. En 396, il devient évêque d'Hippone. C'est dans *La vie heureuse*[2] (386) et *Les Confessions*[3] (401) qu'il traite de la question du bonheur.

1. L'auteur est professeur agrégé au Département d'études religieuses de l'Université de Sherbrooke.

2. SAINT AUGUSTIN, *La vie heureuse*, préface de François Depuigrenent Desroussilles, traduction du latin par Dominique Férault, Paris, Payot et Rivages, 2000, 104 p.

3. SAINT AUGUSTIN, *Les Confessions*, traduction, préface et notes par Joseph Trabucco, Paris, Garnier-Flammarion, 1964, 380 p.

La vie heureuse

La vie heureuse est une des premières œuvres qu'Augustin a écrites après sa conversion. Elle prend la forme d'un dialogue entre Augustin, ses amis, sa mère et son fils. Le contexte est l'anniversaire de naissance d'Augustin. Le lieu est une villa à quelques kilomètres de Milan, près du lac de Côme. Le dialogue se déroule sur trois jours et au cours de trois repas. Il est probablement fictif. Augustin aurait eu recours à ce genre littéraire pour rendre son traité plus vivant. Il s'inspire à cet égard de Cicéron. La grande question que se pose Augustin est: quel est le genre de vie le plus propre à assurer le bonheur? Suivons le raisonnement d'Augustin de repas en repas.

La vie est une tempête en mer (préambule)

Pour Augustin, il est très difficile d'accéder au bonheur. Comment pourrait-il en être autrement puisque «Dieu ou la nature [...] nous ont jetés en ce monde pour ainsi dire au hasard et de toutes parts comme sur quelque haute mer orageuse» (*VH*, I.1). Cette image est très inspirante. Imaginez-vous en mer, en pleine tempête, assis dans une petite barque. Voilà qui, selon Augustin, représente bien la vie. Une accalmie est possible. Toutefois, elle ne doit pas être confondue avec la vie heureuse. Vous pensez avoir trouvé un certain bonheur. Attention, la mer cache toujours des pièges dangereux.

> Mais tous ceux qui sont menés d'une manière ou d'une autre jusqu'à la région de la vie heureuse doivent très vivement redouter et très prudemment éviter un monstrueux rocher dressé devant le port

même, qui fait naître aussi de grandes difficultés pour qui y abordent. (*VH*, I.3)

Une bonne tempête peut toutefois avoir des effets très positifs. Elle peut obliger à changer radicalement de cap. Une tempête peut être salutaire.

> Que restait-il donc d'autre à attendre, sinon qu'une tempête, que l'on pouvait croire contraire, vînt à mon secours cependant que je m'appesantissais sur des choses sans valeur ? [...] Je quittai tout et dirigeai mon navire durement secoué et mal en point vers la tranquillité souhaitée. (*VH*, I.4)

Nous connaissons tous des personnes qui, après des moments difficiles, ont retrouvé le chemin du bonheur. Il faut parfois accepter de subir une tempête et de modifier totalement sa direction. Pour Augustin, une tempête est plus supportable si nous avons, près de nous, un ami. À son ami Theodorus, il écrit : « [J]e te prie de me tendre la main, c'est-à-dire de m'aimer et de croire que tu es aimé de moi en retour et que tu m'es cher. Si j'ai cette satisfaction, j'accéderai très facilement, par un petit effort, à la vie heureuse [...] » (*VH*, I.5). Il est plus facile d'accéder au bonheur si on a autour de soi des personnes qui nous aiment.

Nourrir le corps et l'âme (premier repas)

La vie heureuse demande que nous nourrissions non seulement notre corps, mais aussi notre âme. Selon Augustin, nous sommes composés d'un corps et d'une âme. Il demande l'avis de ses convives. « Vous paraît-il évident que nous sommes composés d'une âme et d'un corps ? » (*VH*, II.7). Tous sont d'accord.

Comme il en est ainsi, puisque nous sommes convenus qu'il y a ces deux choses en l'homme, c'est-à-dire le corps et l'âme, je pense que je dois présenter en ce jour de mon anniversaire un déjeuner un peu plus riche non seulement pour nos corps mais aussi pour nos âmes. (*VH*, II.9)

Augustin nourrit donc le corps de ses convives avec de bons aliments et entreprend de nourrir leur âme par cette déclaration : « Nous voulons être heureux » (*VH*, II.10). Ses invités sont d'accord avec lui. Difficile de ne pas l'être ! Augustin pose ensuite à ses convives la question suivante : « Sommes-nous donc d'accord que ne peut être heureux qui n'a pas ce qu'il veut, et que n'est pas heureux quiconque a ce qu'il veut ? » (*VH*, II.10). Voilà une question plutôt surprenante. Prenons le temps d'y réfléchir. Augustin pose une autre question. « Admettez-vous qu'est malheureux quiconque n'est pas heureux ? » (*VH*, II.11). Il ajoute : « Que doit donc acquérir un homme pour être heureux ? » (*VH*, II.11). Pour Augustin, le bonheur ne se trouve pas dans l'acquisition de biens « qu'un violent revers de fortune » peut nous enlever. Aristote soutenait la même chose. Une personne riche en biens matériels peut être malheureuse. Particulièrement si elle est obsédée par l'idée qu'elle pourrait les perdre. Pour être heureux, il faut acquérir ce qui subsiste toujours.

Ainsi nous ne doutons aucunement que, si quelqu'un a résolu d'être heureux, il doit acquérir pour lui-même ce qui subsiste toujours et ne peut être arraché par aucun violent revers de fortune. (*VH*, II.12)

Augustin demande ensuite à ses compagnons : « Dieu, dis-je, vous semble-t-il éternel et subsister toujours ? [...] Ainsi donc,

dis-je, qui a Dieu est heureux » (*VH*, II.11). En bon pédagogue, il
leur demande ce qu'ils en pensent (*VH*, II.12). Les convives sont
encore une fois en accord avec ce qu'il dit. Et vous ? Croyez-vous
que qui a Dieu dans sa vie est nécessairement heureux ? Augustin
met fin au repas, avant que la nourriture ne devienne trop lourde
pour le corps et l'âme.

Dieu est-il gage de vie heureuse ? (deuxième repas)

Augustin reprend le dialogue là où il l'a laissé. Il rappelle qu'au
repas précédent tous admettaient qu'avoir Dieu dans sa vie était
gage de vie heureuse (*VH*, III.17). Augustin pose une autre question : « [...] qui donc vous semble avoir Dieu ? » (*VH*, III.17).
Certains soutiennent « qu'a Dieu qui fait ce que veut Dieu »,
d'autres, « qu'a Dieu qui vit bien », d'autres encore, « que Dieu se
trouve en qui n'a pas ce que l'on appelle un esprit impur », c'est-à-
dire une âme souillée par les vices (*VH*, III.17-18). Pour Augustin,
toutes ces opinions se valent. « Mais peut-être bien pensez-vous
une seule et même chose en des termes différents » (*VH*, III.18).
Toutefois, il n'est pas encore démontré qu'avoir Dieu dans sa vie
soit nécessairement gage de vie heureuse : « C'est donc à tort, dis-
je, que nous avons admis hier qu'est heureux qui a Dieu, puisque
tout homme a Dieu et que pourtant tout homme n'est pas heureux » (*VH*, III.19). Donc, avoir la foi n'assure pas une vie heureuse.
Cette réponse est-elle définitive ? Augustin met fin au repas.

La question de l'indigence (troisième repas)

Au cours du troisième repas, Augustin aborde la question de la
vie heureuse en partant de la notion d'indigence. Est-il possible

d'être heureux dans l'indigence ? Êtes-vous nécessairement heureux si vous n'y êtes pas ? « Ne peut-on pas, de ce qu'il est manifeste qu'est malheureux quiconque est dans l'indigence, conclure qu'est heureux quiconque n'est pas dans l'indigence ? » (*VH*, IV.24). Être dans l'indigence, c'est manquer du nécessaire pour pourvoir à l'entretien du corps. Augustin se pose la question : peut-on être pauvre en sagesse ? « Est-ce donc que nous le dirions dans l'indigence s'il manquait d'argent et de revenus, et que nous ne le dirions pas quand il manque de sagesse ? » (*VH*, IV.27). Pour Augustin, il est nécessaire de nourrir l'âme pour avoir une vie heureuse. L'indigence de sagesse est la pire forme d'indigence (*VH*, IV.27). Toutefois, les deux formes d'indigence nous rendent malheureux.

Augustin résume les points qui ont été traités : « [I]l est nécessaire que nous reconnaissions non seulement qu'est malheureux quiconque est dans l'indigence, mais aussi qu'est dans l'indigence quiconque est malheureux » (*VH*, IV.29). Voilà une logique implacable ! D'après ce raisonnement, sera heureux et sage celui qui n'est pas dans l'indigence. « Il s'ensuit que nous devons à présent examiner qui n'est pas dans l'indigence ; car c'est lui qui sera sage et heureux » (*VH*, IV.33). Pour Augustin, seul le sage peut être heureux : « Être heureux n'est donc rien d'autre que ne pas être dans l'indigence, c'est-à-dire être sage » (*VH*, IV.33). Le sage n'est pas dans l'indigence parce qu'il connaît la mesure de l'esprit. Le sage, c'est celui qui est capable de bien déterminer ses besoins corporels et spirituels et de se centrer sur l'essentiel. La sagesse, c'est la juste mesure.

Or il verse dans la luxure, le pouvoir, l'orgueil et toutes autres choses de ce genre par quoi les esprits des intempérants et des malheureux croient se procurer joie et puissance. Or il ne réduit pas les bassesses, les peurs, la tristesse, la cupidité et toutes autres choses, quelles qu'elles soient, du fait desquelles les malheureux même avouent que les hommes sont malheureux. (*VH*, IV.33)

Être capable de trouver son propre équilibre dans ses besoins est la voie de la vie heureuse pour Augustin. Les gens heureux sont sages parce qu'ils ne craignent ni l'indigence ni le malheur. « A donc sa propre mesure, c'est-à-dire la sagesse, quiconque est heureux » (*VH*, IV.33). Comme nous l'avons vu, pour Augustin la relation à Dieu ne rend pas nécessairement heureux. Toutefois, la personne qui se fonde sur cette relation pour transformer le regard qu'il porte sur lui-même, les autres et le monde est plus apte à vivre une vie heureuse. « C'est là sans doute la vie heureuse, qui est la vie parfaite, à laquelle il faut présumer, grâce à une foi solide, à une espérance allègre et à une charité ardente, que nous pouvons, en nous empressant, être conduits » (*VH*, IV.35). La relation à Dieu permet de déterminer ce qui est essentiel dans la vie et d'être charitable avec le prochain. Plusieurs années plus tard, Augustin, devenu évêque, resserrera dans ses *Confessions* (X, XX à XXIII) le lien entre le bonheur et la quête de Dieu.

On ne trouve le bonheur qu'en Dieu (*Les Confessions*)

L'auteur des *Confessions* n'est plus le converti de fraîche date de *La vie heureuse*. Ses positions théologiques sont claires. Il a trouvé le bonheur en Dieu. « Lorsque je vous cherche, vous, mon

Dieu, c'est le bonheur que je cherche » (X, XX). Pour Augustin, nous pouvons avoir des goûts, des objectifs de vie et de carrière différents, mais « tous, absolument tous, voulons être heureux » (X, XXI). Le chemin du bonheur passe nécessairement par Dieu : « [C]'est vous-même qui êtes cette joie. C'est cela le bonheur ! Se réjouir de vous, pour vous, à cause de vous ; c'est cela et il n'y en a point d'autre » (X, XXII). Augustin va plus loin : « […] ceux qui ne veulent pas puiser leur joie en vous [Dieu], qui êtes le seul bonheur, ne veulent pas vraiment le bonheur » (X, XXII). Je comprends le point de vue d'Augustin, mais je ne le partage pas. Un athée peut être aussi heureux qu'un croyant. Son bonheur peut reposer sur des valeurs éthiques qui accordent une grande importance au prochain. Le bonheur tel qu'il est conçu par Augustin est-il véritable ?

Conclusion

Pour Augustin, le bonheur est une illusion quand je pense que la vie heureuse est facile à acquérir, quand je suis pauvre de sagesse. Le bonheur est voie de réalisation quand j'accepte d'avoir besoin de personnes qui m'aiment dans ma vie et que je veux nourrir non seulement mon corps, mais aussi mon âme.

CHAPITRE IV

Le plaisir selon Thomas d'Aquin :
l'essence d'une vie heureuse

Patrick Snyder[1]

Thomas d'Aquin (1224/25-1274) est né d'une famille influente au château de Roccasecca, situé dans le royaume des Deux-Siciles[2]. Il a été éduqué par des moines à l'abbaye bénédictine du Mont-Cassin. À l'âge de cinq ans, son père l'avait envoyé dans ce monastère. Selon une version romancée de l'histoire, il voulait le consacrer à Dieu. Selon le philosophe Martin Blais, « [s]on père et, derrière lui, Frédéric II voulaient qu'il devienne moine au Mont-Cassin et prenne un jour la direction de cette abbaye prestigieuse et stratégique. [...] Le Mont-Cassin était à la frontière du Saint-Empire et des États pontificaux ; un abbé fiable était une pièce maîtresse sur l'échiquier[3]. » Thomas, au grand dam de sa famille, va à l'encontre du projet de son père et de Frédéric II.

---

1. L'auteur est professeur agrégé au Département d'études religieuses de l'Université de Sherbrooke.

2. La Sicile de l'époque ne se limitait pas à l'île ; le royaume de la Sicile englobait une partie de l'Italie actuelle.

3. Martin Blais, *L'autre Thomas d'Aquin*, Montréal, Boréal, 1990, p. 20.

À seize ans, il entre dans l'ordre des Dominicains. Après ses études à l'Université de Paris, il fait une brillante carrière d'enseignant (1252-1274). L'œuvre maîtresse de ce grand philosophe et théologien est la *Somme théologique* (1266-1269). Thomas d'Aquin est une figure emblématique de la pensée médiévale. Avec Augustin, il est considéré comme le penseur le plus important de l'histoire du christianisme. Il aborde la question du plaisir dans *Les passions de l'âme* de la *Somme théologique*[4] (I, II, qu. 31 à 34). Pourquoi traite-t-il du plaisir dans un ouvrage sur l'âme? Thomas d'Aquin veut nous dire l'importance du plaisir, non seulement pour le corps, mais aussi pour âme. Le plaisir est essentiel, il est l'essence du bonheur.

Qu'est-ce que le plaisir? (I, II, qu. 31)

Pour Thomas d'Aquin, le plaisir est «un certain mouvement de l'âme». Cela veut dire que le fait d'avoir du plaisir à accomplir un acte nous procure «un bien agréable» (art. 1). Le plaisir permet à la personne de réaliser son être. Comment faire la différence entre le plaisir et la joie? Voilà une question plutôt intéressante. Thomas tranche de la façon suivante. La joie désigne le plaisir de l'âme, c'est-à-dire la dimension rationnelle ou spirituelle de l'être. Pour Thomas, la raison est la voie d'expression de l'âme. Un plaisir corporel ne peut donc être défini comme une joie.

---

4. Les traductions françaises les plus connues sont celles de F. Lachat (XIXᵉ siècle), des Éditions de la Revue des jeunes (1925) et des Éditions du Cerf (1984). La traduction ici utilisée est celle des Éditions de la Revue des jeunes.

« C'est pourquoi les plaisirs de l'âme ou plaisirs rationnels, que l'on appelle aussi joies, se distinguent des plaisirs corporels appelés seulement plaisirs [...] » (art. 3-4).

Thomas cherche aussi à savoir si les plaisirs corporels ou sensibles sont plus grands que les plaisirs spirituels et intellectuels. Pour nous orienter dans notre analyse, il cite Aristote : « Et Aristote dit que "le plaisir le plus grand est celui qui accompagne l'activité de sagesse" » (art. 5). Ici, il faut faire très attention : Thomas ne nie pas l'importance des plaisirs corporels. Les plaisirs sensibles peuvent avoir un effet thérapeutique. Nous avons « [...] besoin du plaisir comme remède à maintes douleurs et tristesses » (art. 5). On ne peut prétendre se passer totalement de plaisirs sensibles, nul ne pouvant, dit saint Thomas, « vivre sans quelques satisfactions sensibles et corporelles » (art. 5). Selon lui, « les hommes ont besoin de se recréer par quelques plaisirs » (art. 5). Toutefois, « [...] les joies intellectuelles l'emportent de beaucoup sur les plaisirs sensibles » (art. 5). Il met en évidence le bien inaltérable que procurent les plaisirs d'ordre intellectuel : « [L]e bien spirituel est plus grand que le bien corporel [...] car les sources du plaisir corporel sont corruptibles et passent rapidement : les biens spirituels, au contraire, sont incorruptibles » (art. 5). Les biens spirituels l'emportent sur les biens corporels.

Thomas distingue entre plaisirs sensibles naturels et plaisirs non naturels. Les plaisirs naturels amènent un certain épanouissement de soi et de l'autre. Les plaisirs non naturels sont des actes « morbides et contre nature ». Faire souffrir une personne peut me procurer du plaisir. Toutefois, ce plaisir est non naturel parce qu'il ne respecte pas la nature humaine. Nous sommes créés pour faire du bien à l'autre. Thomas a une anthropologie très positive. Selon lui, nous sommes naturellement portés vers les plaisirs sensibles positifs. Tendre vers des plaisirs sensibles non naturels démontre un « certain dérèglement de l'âme » (art. 7). Aujourd'hui, nous emploierions le terme « déviance psychologique ». Le plaisir, sensible ou spirituel, est donc inhérent à notre espèce. Nous avons besoin de plaisirs pour vivre une vie épanouissante. Conscient de son importance, Thomas se demande : qu'est-ce qui nous procure le plus de plaisir ?

Qu'est-ce qui nous procure du plaisir ? (I, II, qu. 32)

Accomplir une action

Thomas se demande si accomplir une action nous procure du plaisir. Cela va de soi ! Pour avoir du plaisir, il faut commencer par faire quelque chose : « Il est donc manifeste que tout plaisir se ramène à une action comme à sa cause » (art. 1). Mais, pour qu'une action m'apporte réellement du plaisir, elle doit être proportionnée à mes capacités. Si une action est trop difficile pour moi, elle me cause non pas du plaisir, mais du désagrément. « Les actions sont agréables pour autant qu'elles sont proportionnées et connaturelles à celui qui agit » (art. 1). Le plaisir est donc lié à une action bien conduite, c'est-à-dire à une action qui est proportionnée à mes capacités. Ainsi, le plaisir jaillit de l'action comme le signe de sa perfection (art. 1).

Effectuer des changements

Thomas poursuit sa réflexion. Il pose la question suivante : le changement est-il cause de plaisir ? Il répond par l'affirmative. Nous avons une nature changeante. Nous aimons la nouveauté. «Car, en nous qui goûtons le plaisir, le changement est agréable pour cette raison que notre nature est changeante, de sorte que ce qui nous convient maintenant ne nous conviendra plus après [...]» (art. 2). Les circonstances peuvent aussi changer. Thomas donne un bon exemple. Il est très agréable de se chauffer près d'un feu l'hiver. Cela est moins agréable l'été. Même l'hiver, il faut éviter de rester trop longtemps près du feu. La chaleur bienfaisante peut devenir cause d'incommodité (art. 2). «Or l'harmonie naturelle consiste en une certaine mesure. De sorte que, lorsque la présence prolongée de l'objet agréable dépasse la mesure de cette harmonie, on a plaisir à la voir cesser» (art. 2). Le changement est donc nécessaire, et particulièrement si nous avons fait un excès dans une activité.

Espérer

Thomas soulève une autre question très intéressante : l'espoir est-il cause de plaisir ? Il faut y penser deux fois avant de répondre. Thomas répond par l'affirmative et par la négative. Dans sa visée positive, l'espoir nous apporte du plaisir car nous sommes persuadés de pouvoir atteindre, à plus ou moins long terme, notre objectif. «L'espoir est cause de plaisir dans la mesure où on est actuellement persuadé de pouvoir atteindre un bien futur [...]» (art. 3). Toutefois, l'espoir peut aussi être cause d'affliction. L'idée de Thomas est subtile et sensée. L'espoir est cause de désolation parce que je suis privé dans l'immédiat du bien auquel j'aspire. « [E]n tant que l'espoir est privé de la présence de ce bien, il cause l'affliction » (art. 3). Voilà une logique implacable. Le théologien poursuit avec le sentiment de tristesse.

La tristesse

La tristesse est-elle cause de plaisir ? Surprenant comme question ! Pour Thomas, la tristesse peut être cause de plaisir. Voici un exemple. Le souvenir d'une personne décédée vous rend triste et en même temps vous procure du plaisir par l'évocation des beaux moments passés avec elle. « En effet la tristesse actuellement présente est cause de plaisir en tant qu'elle fait se souvenir de la chose aimée, dont l'absence attriste mais dont la seule évocation réjouit » (art. 4). Vous pouvez certainement trouver d'autres exemples dans votre vie personnelle. Thomas dit aussi que se souvenir d'un moment de tristesse peut être cause de plaisir. « Quant au souvenir de la tristesse, il est aussi source de plaisir, à cause de la délivrance qui a suivi » (art. 4). L'exemple de la maladie illustre bien cette deuxième affirmation. Vous avez été très malade l'année dernière. À l'occasion du nouvel an, vous faites le bilan de l'année écoulée. Vous vous souvenez avec tristesse des moments difficiles et vous avez en même temps du plaisir à songer que vous avez recouvré la santé.

Les actions des autres

Nous n'avons pas encore déterminé toutes les sources de plaisir. Voici une question très importante : les actions des autres sont-elles pour nous cause de plaisir? Selon Thomas, elles peuvent être cause de plaisir de trois manières. La première manière est évidente. L'action d'un autre me procure du plaisir si elle m'est agréable. «À ce point de vue, l'activité de ceux qui nous font du bien nous est agréable, car il est agréable de subir pour son bien l'action d'autrui» (art. 5). La deuxième est fondamentale. L'action d'un autre me procure du plaisir si elle me fait prendre conscience de ma valeur: «[S]elon que l'action des autres nous apporte quelque connaissance ou persuasion de notre valeur» (art. 5). Cela doit nous inciter à réfléchir sur les gestes que nous accomplissons. La troisième manière est plus subtile. Thomas considère que l'action d'un autre me fait plaisir si elle est bonne et si je partage la visée de cette action. «Enfin les actions d'autrui nous font plaisir en tant que ces actions elles-mêmes, quand elles sont bonnes, nous les considérons comme notre propre bien […]» (art. 5). Autrement dit, dans la même circonstance, j'aurais posé un geste similaire.

Faire du bien aux autres

Thomas se pose beaucoup de questions. Il ajoute celle-ci à sa liste: faire du bien aux autres est-il cause de plaisir? Nous sommes enclins à répondre oui. Nous n'avons pas besoin de Thomas pour saisir l'importance de faire du bien aux autres. Toutefois, il est toujours intéressant de suivre son raisonnement. Pour Thomas, nous aimons faire du bien aux autres car nous considérons comme positif ce qui en résulte pour nous-même et pour l'autre. «À ce titre et selon que nous considérons comme nôtre le bien de l'autre, [...] nous nous réjouissons du bien que nous faisons à autrui [...] » (art. 6). Parfois, nous aimons aussi faire du bien car nous espérons un juste retour ; « [A]insi quand on espère, parce que l'on fait du bien à un autre, obtenir pour soi-même quelque bien ou de Dieu, ou d'un autre » (art. 6). Difficile de soutenir que nous ne poursuivons pas, quelquefois, ce but ! Faire du bien aux autres peut aussi être agréable parce que j'ai la capacité de le faire. Cette capacité me persuade de ma propre bonté. « À ce titre, faire du bien est agréable, en tant que l'on se persuade alors qu'on doit être riche de bien puisqu'on peut en communiquer aux autres » (art. 6). Finalement, le motif pour lequel j'agis peut m'apporter du plaisir. « Par exemple quand, par amour de quelqu'un que l'on aime, on est amené à faire du bien à un autre » (art. 6). Nous pouvons faire beaucoup de choses pour la personne que nous aimons. L'amour nous fait sortir de nous-même et tendre vers les autres. Faire du bien à l'autre, voilà un immense plaisir à partager. Considérons maintenant quels sont, selon Thomas, les effets du plaisir sur nous.

Quels sont les effets du plaisir ? (I, II, qu. 33)

Thomas cherche à démontrer que le plaisir nous procure une forme d'épanouissement spirituel. « Cette appréhension donne à l'homme la conscience qu'il a atteint une certaine perfection ou grandeur spirituelle, et, à ce point de vue, on dit que l'esprit de l'homme s'est épanoui par le plaisir » (art. 1). La personne est magnifiée, rendue plus grande par le plaisir. Le plaisir n'est donc pas une chose banale. Il comporte aussi une dimension spirituelle.

Un effet très positif du plaisir, c'est qu'il perfectionne l'action que nous posons. Pour Thomas, le fait que je prends plaisir à faire une action implique que j'«y prête une attention plus vive, et l'accomplis avec plus de diligence» (art. 4). Si l'action est exécutée avec plaisir, il y a de bonnes chances pour qu'elle soit accomplie avec succès.

Une morale du plaisir (I, II, qu. 34)

Pour Thomas, la notion de plaisir nous permet de déterminer si un acte est bon ou mauvais. Le plaisir est un baromètre moral. Pour établir si un plaisir est bon ou mauvais, il faut regarder le geste qui est accompli. La réponse se trouve «[...] du côté des actions dont certaines sont bonnes et les autres mauvaises. [...] Et donc, puisque les désirs des bonnes actions sont bons, et ceux des mauvaises, mauvais. À plus forte raison les plaisirs des bonnes actions seront-ils bons et ceux des mauvaises, mauvais» (art. 1). Ainsi, le plaisir, en lien avec une action, détermine la valeur morale du geste. Si le plaisir fait le bien, «le plaisir sera bon purement et simplement» (art. 2). Pour Thomas, il est évident que le plaisir peut être bon ou mauvais, toutefois le plaisir n'est plaisir que si sa finalité est bonne. Le but ultime du plaisir, c'est l'épanouissement de notre être. Ce que nous voulons, c'est être nous-même pleinement. De quelle manière se réalise-t-on? Thomas distingue trois formes positives de plaisirs: la quête spirituelle, la vie intellectuelle et les plaisirs sensibles ou corporels. Le plaisir doit couvrir tous nos besoins humains. C'est en cela qu'il nous permet d'atteindre la perfection sur le plan moral (art. 3).

Le plaisir est la règle selon laquelle nous jugeons du bien et du mal. « [L]'homme est jugé bon ou mauvais surtout d'après les plaisirs de sa volonté : car celui-là est bon et vertueux qui prend plaisir aux œuvres des vertus, et mauvais, celui qui se complaît dans les œuvres mauvaises » (art. 4). Être bon, c'est faire le bien avec plaisir. « C'est ainsi que la bonté du plaisir est d'une certaine manière la cause de la bonté de l'action » (art. 4). L'enjeu moral, c'est de parvenir à bien se situer à l'égard des plaisirs, comme il convient de se situer à l'égard du bien et du mal. Celui qui a du plaisir à bien agir prouve qu'il est vertueux. De plus, sa capacité à mesurer la bonté de son action détermine sa bonté morale. Le plaisir est donc un critère sûr pour évaluer le caractère positif ou négatif d'une action. Finalement, le bonheur pour Thomas d'Aquin est-il une illusion ou un lieu de réalisation ? Voici notre petite synthèse personnelle.

Conclusion

Pour Thomas d'Aquin, le bonheur est une illusion quand je nie l'importance des plaisirs corporels, intellectuels et spirituels dans ma vie, quand je n'accepte pas de sortir de ma tristesse. Le bonheur est une voie de réalisation quand j'inclus le plaisir dans ma vie, que j'intègre un agir moral basé sur ma capacité à faire le bien, que je reste ouvert aux gestes accomplis par les autres à mon égard, que je renonce à l'idée du bonheur parfait et que je recherche constamment ce qui convient sur le plan matériel, corporel, moral et spirituel.

CHAPITRE V

Le bonheur selon les Béatitudes

Carole Paris[1]

Qu'est-ce que les Béatitudes ?

Le bonheur dont parlent les Béatitudes est un bonheur qui prend sa source dans le monde spirituel, dans les profondeurs de l'être et dans la relation avec soi-même, l'autre et Dieu. Il est difficile d'associer le bonheur à la pauvreté, à la peine, à la persécution ou à l'injustice. Que signifient concrètement un «cœur pur», «être miséricordieux», un «artisan de paix»? Pour bien saisir comment les Béatitudes peuvent éclairer la quête de bonheur, il faut d'abord comprendre ce que veut dire le mot «béatitude». Ce mot désigne à la fois une félicité (bienheureux) et une invitation (en marche). De sorte que les Béatitudes se rapportent à un

1. L'auteure a fait sa maîtrise en théologie au Département d'études religieuses de l'Université de Sherbrooke. Son mémoire de maîtrise portait sur le bonheur dans les Béatitudes. Elle concentre présentement ses recherches sur les liens entre bonheur et soins spirituels en vue de l'obtention du doctorat en études du religieux contemporain dans la même université.

bonheur qui est déjà là. Ce texte est une synthèse du message chrétien sur le bonheur. Toutefois, les non-croyants peuvent aussi trouver des éléments de réponses inspirants pour leur quête de bonheur.

Il existe deux versions bibliques des Béatitudes. Chez Luc (Lc 6,20-26), elles sont au nombre de quatre, et il leur associe quatre malédictions (« malheur à vous… »). Chez Matthieu, il y en a neuf. La neuvième s'adresse particulièrement aux disciples de Jésus. Luc, qui est à l'origine un médecin, s'adresse individuellement, en grec, à tous les « païens » convertis. Il parle de la vie quotidienne, du « ici et maintenant ». Matthieu, le publicain collecteur d'impôts, s'adresse, quant à lui, aux juifs convertis. Ses écrits ont une dimension spirituelle et universelle. C'est cette version que nous utiliserons dans notre réflexion.

Les Béatitudes mettent en lumière trois dimensions fondamentales de l'être humain, à savoir l'être, l'agir et le devenir. Elles sont non seulement une proclamation de bonheur, mais également un appel à un « savoir-être » heureux dans notre monde actuel. Mais comment peuvent-elles nous aider à passer à travers les événements difficiles de la vie et à demeurer heureux ? Comment peuvent-elles assurer une vie heureuse ? Pour répondre à ces questions, il faut d'abord savoir que le bonheur des Béatitudes, qui est voie de réalisation et d'actualisation de la personne, peut devenir un chemin d'illusion. C'est sous l'angle du « savoir-être » que nous aborderons la question. Car, dans leur spiritualité, les Béatitudes parlent d'un « savoir-être » heureux. Il faut garder à l'esprit que le « savoir-être » a rapport à une attitude intérieure qui relève de la dimension spirituelle de la personne. C'est donc en deux temps que nous réfléchirons au bonheur des Béatitudes. D'abord, nous verrons en quoi chacune d'elles est une voie de réalisation. Ensuite, nous déterminerons ce qui nous conduit sur le chemin de l'illusion.

Le bonheur des Béatitudes est un lieu de réalisation

… quand je reconnais et j'accepte que je suis pauvre en esprit

« Heureux les pauvres par l'esprit » (Mt 5,3). « Être pauvre », au sens biblique, signifie être démuni devant Dieu. L'expression « en esprit », quant à elle, réfère à une réalité intérieure. L'esprit de pauvreté (*ânâw* en hébreu) est propre à « celui qui est courbé sous le fardeau, celui à qui il manque quelque chose pour pouvoir vivre ; c'est celui qui accepte sa condition qui est une condition de manque, celui qui, du profond de son cœur, reconnaît cet état de non-plénitude et ne s'en révolte pas[2] ». Le terme « pauvre en esprit » renvoie à « l'expression d'un vide, à la conscience de la finitude, de la misère ou de la fragilité humaine éprouvée sous un angle ou l'autre psychologique, moral, spirituel[3] ». On peut donc comprendre la pauvreté en esprit comme une disposition intérieure qui nous fait tourner vers la dimension spirituelle pour combler un manque. C'est au cœur même de notre essence profonde, source de notre « savoir-être », que se vit cet esprit de pauvreté.

2. Jean-François Six, *Les Béatitudes aujourd'hui*, Paris, Seuil, 1984, p. 89.

3. Michel Gourgues, *Foi, bonheur et sens de la vie : relire aujourd'hui les Béatitudes*, Montréal/Paris, Médiaspaul, 1995, p. 85.

La pauvreté en esprit est une ouverture sur soi qui, dans une prise de conscience de notre manque et de nos limites, nous amène à reconnaître que nous ne nous sommes pas créés nous-mêmes. Toutefois, reconnaître nos défauts, nos faiblesses, nos besoins, nos manques, notre ignorance et tout ce qui nous rend malheureux peut être difficile à accepter. Car nos souffrances intérieures engendrent souvent des mécanismes de défense qui nous aveuglent et nous empêchent d'accéder à notre essence profonde, par laquelle nous pouvons accueillir notre esprit de pauvreté. Mais en regardant avec lucidité ce qui est à l'origine de ses angoisses, de sa détresse, de sa souffrance, de ses peurs, et en reconnaissant les effets que cela a sur sa vie, le chrétien se dispose intérieurement à entrer en relation avec Dieu. Il découvre alors, par l'entremise de Dieu, des richesses intérieures insoupçonnées. Cette béatitude invite donc à découvrir tout ce qui fait obstacle à l'estime de soi, à la réalisation de notre être profond, à l'Amour et ce qui empêche d'entrer en relation vraie avec soi, les autres et Dieu.

... quand la violence fait place à la douceur

«Heureux les doux» (Mt 5,4). La douceur dont il est question dans les Béatitudes fait référence à la non-violence manifestée envers autrui. Toutefois, cette non-violence ne pourra être vécue comme telle que si nous parvenons à la faire nôtre. En d'autres mots, pour que cette douceur se manifeste chez la personne, il faut d'abord qu'elle reconnaisse la souffrance qui l'habite. Pour ce faire, elle doit plonger au cœur de sa souffrance, reconnaître et accueillir cette partie blessée en elle. C'est certes un moment difficile à vivre, car « [...] "le combat non-violent", c'est contre nous-mêmes qu'il faut le mener, sans aucun allié[4] ». C'est par la maîtrise de soi que l'on parvient à briser le cercle de la violence et la colère qui l'accompagne. Mais il faut d'abord avoir entendu notre propre violence intérieure nous dire de quelle blessure elle provient. La violence, qu'elle soit subie ou qu'on se la soit infligée à soi-même, influe sur tous les aspects de la vie (physique, psychologique, social et spirituel).

En découvrant notre « savoir-être » doux, nous inspirons l'autre. En effet, le doux se distingue par sa stabilité émotionnelle. Il sait faire preuve d'humilité, d'honnêteté, de bonté. Il accepte d'apprendre des autres et de ses propres erreurs et sait écouter les signes que la vie lui envoie pour progresser. Empreint de compassion, le doux se veut rassurant, aimable et réconfortant devant ce qu'autrui vit. C'est par son « savoir-être » doux que le chrétien accueille l'autre dans sa différence et qu'il parvient à cette ouverture du cœur qui permet à l'autre d'être ce qu'il est appelé à être dans les profondeurs de son être.

... quand je laisse ma peine s'exprimer

« Heureux les affligés car ils seront consolés » (Mt 5,5). Le mot « affligé » vient du verbe *penthéo* et signifie « être en deuil », « pleurer un mort ». Cette béatitude s'adresse donc d'abord aux personnes qui ont perdu un être cher. Toutefois, elle ne se limite

---

4. Gilbert CESBRON, *Huit paroles pour l'Éternité*, Paris, Robert Laffont, 1978, p. 79.

pas à cela. «Dans le mot "deuil" on peut inclure [...] chacune de nos morts intérieures ou autres victoires sur nous-mêmes[5].» Qui n'a pas vécu un deuil au cours de son existence? Qui n'a pas pleuré une perte quelconque, que ce soit la santé, un emploi, une amitié, un amour, la jeunesse? Ainsi, cette béatitude a rapport à diverses formes de deuil ou de perte.

Les larmes versées à la suite d'une perte ou d'un deuil montrent combien cela peut être souffrant. Par conséquent, on ne peut parler de deuil ou de perte sans parler de souffrance. Il est éprouvant d'entrer en contact avec ce qui souffre en nous. On se sent tellement vulnérable et fragile dans ces moments. C'est pourtant une occasion de se faire consoler. En ouvrant son cœur blessé, la personne est à même de permettre à l'autre d'être un consolateur. Et chaque fois que nous permettons à l'autre de nous consoler, nous nous enrichissons de son «être-avec». De plus, le réconfort d'un proche ou d'un ami, une parole, un regard, un geste, une lecture, la foi, la prière, la méditation, les pratiques religieuses peuvent nous conduire à ressentir l'amour consolateur de Dieu. Les endeuillés sont donc ceux et celles qui, devant une perte, reconnaissent leur chagrin, leur souffrance, leur besoin d'être consolés et espèrent de l'autre et de Dieu une consolation.

... quand je reconnais ma faim et ma soif de justice

«Heureux les affamés et assoiffés de la justice» (Mt 5,6). Pour le chrétien, la justice dont il est question ici réfère non pas à la

---

5. Jean ROUSSEAU, *Lumière du Rwanda* suivi de *Les Béatitudes. Un itinéraire*, Montréal, Éditions Mille Pages, 1997, p. 55.

conformité de la loi humaine, mais à la conformité de son existence avec la parole de Dieu. La justice correspond aux rapports
qu'il convient d'avoir avec Dieu et avec les autres. La justice
devient ainsi «une conduite humaine conforme à ce que Dieu
veut tant à son endroit qu'à l'égard des autres[6]». Sans omettre la
faim et la soif qui nous tiraillent, la faim mentionnée dans cette
béatitude est davantage d'ordre spirituel. «Il ne s'agit pas ici
d'*avoir* et de *faire* la justice dont on peut rêver, mais d'*être* juste[7].»
Ainsi, cette béatitude parle de ceux dont l'existence a été trans-
formée par leur faim et leur soif de justice.

«Avoir faim et soif de justice [...] doit traduire un désir de
vivre une vie positive qui portera fruit et fera quelque chose de
merveilleux pour la gloire de Dieu[8].» Cette faim et cette soif de
justice orientent la vie du chrétien vers Dieu. De sorte que notre
propre justice, du fait de son authenticité, fera écho à celle de
Dieu. Selon cette béatitude, être juste, c'est donc être ajusté à Dieu.
«Cet ajustement est la base indispensable pour qui veut entre-
prendre les combats pour la justice humaine sans augmenter la
pagaille ambiante[9].» Mais pour que notre justice soit ajustée à
celle de Dieu, il faut d'abord être ajusté à soi-même. Être juste

6. Gaston VACHON, *Les Béatitudes. Conversation avec Jésus*, Montréal,
Éditions Médiaspaul, 2003, p. 32.

7. Jean-Marie LUSTIGER, *Soyez heureux. Entretiens sur le bonheur et les
béatitudes*, Paris, Éditions Nil, 1997, p. 78.

8. Robert H. SCHULLER, *Attitudes pour être heureux. Huit attitudes positives pour transformer votre vie*, Québec, Éditions Un monde différent, 1993,
p. 150.

9. Bernard RÉROLLE, *Dynamique des béatitudes*, Paris, Éditions du Centurion, 1993, p. 81.

avec soi-même signifie être fidèle et droit avec soi. Être ajusté à soi, c'est être en contact avec son monde intérieur. C'est faire en sorte que ce que nous faisons, ce que nous pensons et ce que nous disons s'accorde avec ce que nous vivons intérieurement.

Ainsi, cette béatitude met le chrétien en face de ce qu'il est et de ce qu'il devrait être. Faire face à soi-même n'est pas évident. Mais d'un autre côté, cela permet de découvrir nos injustices. En reconnaissant ses propres injustices, son éloignement par rapport à son être profond et les effets de cet éloignement sur ses relations avec les autres et avec Dieu, le chrétien est à même de se laisser guider par cette béatitude et de faire en sorte que la justice humaine porte les fruits du Royaume.

... quand je suis miséricordieux

« Heureux les miséricordieux » (Mt 5,7). Le mot miséricorde désigne la capacité de s'émouvoir, de compatir pour quelqu'un au plus profond de notre être. Bien que la miséricorde ait principalement rapport à l'amour du prochain, c'est par le biais de l'amour de soi et de la fidélité à soi-même qu'on y accède. Nécessairement, cela requiert honnêteté, franchise, intégrité et loyauté. Comment être fidèle à nous-mêmes si nous ne reconnaissons pas ce qui vit en nous, particulièrement ce qui empêche la vie de s'exprimer ? Comment arriver à nous aimer si nous sommes coupés de nous-mêmes ?

C'est en acceptant ses blessures que le chrétien pourra découvrir le « savoir-être » qui conduit à la miséricorde. Ce chemin, souvent éprouvant, mène vers la compassion. Car la miséricorde a sa source dans la compassion à l'égard de soi-même. Être miséricordieux, c'est donc «compatir avec». Pour le croyant, arriver à compatir avec ce qui souffre en lui, c'est permettre à Dieu de manifester son amour miséricordieux. Lorsqu'il est touché par cet amour miséricordieux, il comprend que la miséricorde peut tout pardonner, y compris les blessures affectives et psychologiques. Conscient de sa propre misère, le chrétien devient capable de se pencher sur la misère du monde, de se laisser toucher par la souffrance de l'autre. Parvenir à voir derrière les apparences la valeur de l'autre, laisser son cœur s'émouvoir devant la misère, se laisser saisir au plus profond de soi au contact du malheur, ce sont là les traits caractéristiques de la personne miséricordieuse. C'est en faisant l'expérience de la miséricorde divine au creux de son être que le croyant peut être miséricordieux envers lui-même et faire acte de miséricorde à l'imitation du Christ qui, par amour, est venu apaiser l'être souffrant qu'il est et guérir les blessures les plus profondes et les moins propres à accueillir la miséricorde d'autrui.

... quand j'accepte d'avoir un cœur pur

«Heureux les cœurs purs» (Mt 5,8). Dans le langage biblique, le cœur désigne l'être intérieur. C'est-à-dire «ce lieu profond, parfois inconnu de la personne elle-même, où s'influencent réciproquement les pensées, l'inconscient, les sentiments, la mémoire, la conscience, l'intuition, les désirs, etc. Le cœur serait la personne vue du côté de son *en dedans* profond[10].» Ainsi, le cœur est cette

10. Gaston VACHON, *op. cit.*, p. 48.

partie de l'être humain qui est le siège des désirs, des émotions et des sentiments. Il est le lieu où la personne entre en contact avec l'inconnu, le mystérieux, l'inattendu, c'est-à-dire le lieu qui donne accès au divin. La pureté, elle, « [...] évoque la transparence de l'être profond[11] ». Elle est une qualité de l'âme qui s'acquiert par une purification du cœur et qui, donc, demande un travail sur soi.

Envie, rancune, jalousie, orgueil, égocentrisme, autosuffisance, négation, déni, fuite, jugement, perfectionnisme sont autant d'attitudes et de sentiments qui nous envahissent et qui doivent être reconnus par nous si nous voulons avoir un cœur pur. Cette béatitude invite le chrétien à discerner en toute humilité, honnê-teté et authenticité ce qui encombre son cœur et l'empêche de voir avec le regard de Dieu. Elle a donc comme objectif de « nous désencombrer de ce qui nous empêcherait de reconnaître dans le visage des hommes d'aujourd'hui les traits du visage de Dieu, et singulièrement les hommes qui connaissent la détresse, qui ont besoin de miséricorde[12] ».

Ainsi, pour le chrétien, avoir un cœur pur c'est être capable de se regarder tel qu'il est en vérité; c'est avoir « courage et humi-lité de se poser les vraies questions[13] »; c'est être en accord avec sa conscience; c'est faire concorder ses actions et ses pensées. Être pur de cœur, c'est avoir une lucidité qui permet d'être vrai, sincère et loyal envers soi-même, les autres et Dieu. Transformé par

---

11. Pierre TALEC, *L'annonce du bonheur. Vie et béatitudes*, Paris, Le Centurion, 1988, p. 108.
12. *Ibid.*, p. 118.
13. *Ibid.*, p. 49.

l'amour divin, le croyant peut être vrai avec lui-même et capable d'accueillir l'autre dans sa vérité.

... quand je suis un artisan de paix

« Heureux les artisans de paix » (Mt 5,9). Plusieurs termes peuvent se rapporter au mot paix. Il y a d'abord des gens de nature paisible et en bons termes avec tous. Ces gens évitent aussi les conflits et fuient la discorde. On les appelle les pacifiques. Il y a ceux qui militent pour la paix. Ceux-là sont plus actifs et revendicateurs. On les nomme les pacifistes. Il y a aussi ceux qui imposent la paix par les armes ; ce sont les pacificateurs. Les artisans de paix, eux, résistent, tiennent bon, gardent la paix et l'équilibre malgré les tensions sociales ou les difficultés de la vie. L'artisan de paix « [...] cherchera à vivre et à promouvoir la réconciliation effective des ennemis, l'entente sur l'œuvre à réaliser en commun, la reconnaissance mutuelle des hommes[14] ».

Mais, pour devenir des artisans paix, il faut d'abord chercher la paix intérieure. « La paix, c'est avant tout cet équilibre interne, au plus profond du cœur, un équilibre dynamique au sein de l'instabilité la plus violente[15]. » Pour vivre cette paix, il me faut « [p]rendre conscience des bouillons de violence et d'agressivité dans mon propre cœur et prendre conscience également de la violence que je puis provoquer chez d'autres personnes[16] ». Nos

14. Gérard DEVULDER, « L'évangile du bonheur : les béatitudes », *Petite encyclopédie moderne du christianisme*, Paris, Desclée de Brouwer, 1988, p. 34.

15. Serge TARASSENKO, *Les Béatitudes. Une source d'énergie nouvelle ?*, Suisse, Éditions de Radio Réveil, 1983, p. 76-77.

16. *Ibid.*, p. 95.

tempêtes intérieures sont souvent à l'origine de nos actes agressifs. C'est pourquoi, si nous voulons rétablir la paix, il importe que nous nous posions un certain nombre de questions. En quoi suis-je responsable de mes tourments intérieurs ? Qu'ai-je fait pour rompre la paix et étouffer la vie ? C'est en discernant ces moments de vérité que le chrétien développe un « savoir-être » à l'image de cette béatitude. Conscient de ce qui perturbe son être, il peut ainsi laisser la présence de Dieu agir en lui. Par sa présence, Dieu supprime tout ce qui fait obstacle à sa paix et à son amour. Il met au jour les désaccords, les déchirements et les perturbations intérieurs qui se dressent contre l'essence profonde. Allégé, l'être peut enfin éprouver la sérénité intérieure propre à l'artisan de paix. Ainsi, une vie intérieure sereine ne peut avoir d'autre objectif que de vouloir faire goûter à l'autre, par notre manière d'être et d'agir, la saveur du Royaume.

... quand je fais aux autres ce que je voudrais qu'on me fasse (Mt 5,10-11 ; 7,12)

Être persécuté veut dire être poursuivi, obligé, forcé, abusé, harcelé. La persécution résulte généralement d'un jugement fondé sur des préjugés. L'autre se voit accoler alors une étiquette qui peut lui nuire. Même si l'intention n'est pas mauvaise, la personne concernée peut se sentir offensée. Car, du moment où nous nous sentons lésés dans nos droits ou agressés dans notre être, nous avons le sentiment d'être persécutés. L'inverse est aussi possible : nous sentant victimes d'une injustice, nous avons peut-être à notre tour persécuté quelqu'un.

Généralement, la persécution se manifeste d'abord à l'inté-rieur de nous-mêmes : « Lorsque nous ne sommes pas à la hauteur de nos propres attentes, nous nous persécutons souvent nous-mêmes[17]. » Les tourments, les angoisses, les regrets, les culpabi-lités, les souffrances intérieures sont des états intérieurs qui perturbent l'âme. Cette béatitude invite le chrétien à reconnaître la persécution qu'il se fait subir à lui-même en sorte que, dans son « savoir-être » et son « savoir-faire », il puisse accueillir l'autre sans le persécuter ou se sentir persécuté.

Selon les Béatitudes, le bonheur est une illusion

… quand je le cherche en dehors de moi

Que nous soyons croyants ou non, les Béatitudes nous font com-prendre que le fait d'être riche et de bénéficier d'une certaine notoriété n'est pas mal en soi et peut même nous procurer beau-coup de bonheur. Mais notre bonheur devient illusoire s'il vient de l'attachement aux biens que nous possédons ou si tous nos efforts visent à combler un besoin ou un vide intérieur. De plus, faire reposer notre bonheur sur la reconnaissance, l'approbation ou l'estime d'autrui peut nous amener à nous nourrir d'illusions. Lorsque notre bonheur dépend du regard de l'autre, de l'opinion qu'il a de nous, nous risquons d'être dépités si les éloges attendus ne viennent pas. L'affection, l'amour ou l'amitié sont nécessaires à notre épanouissement, mais lorsque notre bonheur dépend d'eux, il n'est qu'illusion.

17. Robert. H. SCHULLER, *op. cit.*, p. 266.

... quand je suis étranger à moi-même

Les Béatitudes disent aussi aux croyants et aux non-croyants qu'ils ne parviendront à un bonheur vrai et durable que s'ils restent en contact avec eux-mêmes. Notre bonheur est illusoire lorsque nous sommes coupés de nous-mêmes, que nous ne sommes pas conscients de notre malheur, de notre violence, de notre souffrance et de notre solitude. Sommes-nous habités par la jalousie, l'envie, la culpabilité, l'angoisse, le regret, la rancune, le ressentiment? Avons-nous tendance à être autosuffisants, égocentriques, orgueilleux, perfectionnistes? Cherchons-nous à nier ou à fuir notre réalité intérieure? Si tel est le cas, nous sommes dans l'illusion. Comment pouvons-nous prétendre être miséricordieux si notre cœur est aigri, plein de rancœur, de désir de vengeance ou encore de ressentiment? Les Béatitudes nous rappellent que, pour être bons, compatissants et charitables envers les autres, il nous faut d'abord être miséricordieux envers nous-mêmes.

De plus, ce qui nous motive ainsi que les actions que nous accomplissons peuvent nous faire glisser vers un bonheur illusoire. Accomplir une bonne action ou défendre une bonne cause peut être noble et apporter beaucoup de bonheur. Mais si notre action a pour but d'assouvir notre besoin de reconnaissance ou encore notre besoin d'être aimé, notre bonheur est illusoire. Rien ne sert de faire le bien si, au fond de notre cœur, nous le faisons dans le seul but de nous valoriser, de satisfaire notre orgueil. À quoi bon s'efforcer d'établir la justice si nous sommes mus par l'envie, la soif de gloire ou de prestige? La personne peut se dire juste, mais si elle agit par ressentiment, par hypocrisie ou par vanité, sa justice demeurera sans effet. Elle aura beau travailler à édifier la paix, si son cœur est dévoyé, si le chaos et la guerre règnent en elle, ses efforts seront vains. Elle aura beau vouloir être douce, si la colère remue au-dedans d'elle-même, elle est loin du bonheur proclamé dans les Béatitudes. Et que dire de la persécution ? Combien de gens se persécutent eux-mêmes en se forçant à correspondre aux images toutes faites fabriquées par notre société ? Combien de gens se persécutent eux-mêmes en voulant être aimés à tout prix ? Ainsi, chaque fois qu'une personne s'éloigne de son être véritable, qu'elle est coupée d'elle-même, elle tombe dans le piège de l'illusion.

Conclusion

Vivre le bonheur des Béatitudes, c'est humaniser l'humain en soi. Pour le chrétien, c'est actualiser la part de divin qui l'habite. C'est risquer la vie : une vie vraie et authentique avec soi-même, les autres et Dieu. Une vie où l'amour divin lui révèle toute sa beauté, toutes ses bontés. Un amour qui pousse le croyant vers l'acceptation et l'épanouissement de tout son être. Les Béatitudes invitent la personne à découvrir ce qu'il y a de meilleur en elle, à sentir l'amour tout au fond de sa laideur, à sentir l'amour là où elle ne savait même pas qu'il existait. Voilà ce que fait vivre le chemin des Béatitudes. Un chemin qui amène le chrétien à découvrir un trésor dans les profondeurs de son être : celui de l'être heureux qu'il est appelé à être depuis toujours. Un chemin où l'être sauvé en lui se déploie, dans son aujourd'hui, à la face du monde, à l'image et la ressemblance de Dieu qui, par son amour, lui a permis de goûter la joie, la paix et la sérénité d'un bonheur vrai et durable.

La marche sur le chemin des Béatitudes demande patience et persévérance, et elle conduit le croyant à l'actualisation de soi. Elle lui apprend à aimer, elle le rend capable d'entrer en relation avec l'autre parce qu'elle l'a dépouillé de tout ce qui fait obstacle à l'amour. Le chemin des Béatitudes est un chemin de bonheur qu'il faut tracer chaque jour. En acceptant de laisser vivre cet infini bonheur qui est en lui, le croyant parviendra peut-être à faire de ce monde un monde meilleur malgré tout. Un monde empreint de paix, de joie, dans lequel l'entraide, le respect, l'honnêteté, la compassion, la miséricorde et la capacité d'accueillir les différences évoquent l'amour du Christ qui un jour donna sa vie par amour pour l'humanité.

DEUXIÈME PARTIE

Bonheur et art de vivre

CHAPITRE VI

Les conditions du bonheur d'après les plus récentes recherches en psychologie

Louis-Charles Lavoie[1]

En psychologie, il se publie chaque année un nombre considérable d'études sur le bonheur. Ces études tentent de répondre à des questions précises. Des facteurs tels que l'argent, la beauté, la santé, le mariage et le travail favorisent-ils le bonheur et dans quelle mesure? Jusqu'à quel point le bonheur dépend-il de nos attitudes, de nos traits de tempérament, de notre humeur, bref, de notre personnalité? Existe-t-il plusieurs formes de bonheur? C'est à ces questions que ce chapitre tente de répondre, en s'appuyant sur les plus récentes recherches sur le sujet. Nous verrons d'abord ce que la psychologie propose comme définition du bonheur. Nous examinerons ensuite ce qu'il est convenu d'appeler les déterminants du bonheur. Nous terminerons avec la présentation d'une théorie qui ouvre des perspectives nouvelles sur le bonheur.

1. L'auteur est professeur agrégé au Département d'enseignement au préscolaire et au primaire de l'Université de Sherbrooke.

Définition du bonheur

En psychologie, le bonheur se définit en termes de bien-être subjectif (*subjective well-being*). Dans les premières recherches, on mesurait le bien-être subjectif en demandant simplement aux gens : «Tout bien considéré, quelle satisfaction éprouvez-vous dans votre vie en général, ces temps-ci?» ou : «Dans l'ensemble, diriez-vous que vous êtes très heureux, moyennement heureux ou pas heureux du tout?» De telles questions fournissaient une évaluation globale du taux de bien-être. Une autre méthode consistait à leur demander de définir leurs sentiments en temps réel. Cette méthode donnait une mesure des affects vécus, positifs et négatifs. Depuis, les mesures se sont considérablement raffinées[2].

Dans l'expression «bien-être subjectif», le terme «subjectif» se rapporte au fait que c'est le sujet lui-même qui détermine son degré de bonheur. Mais de quoi est fait le bien-être? Diener[3] distingue trois éléments du bien-être, à savoir : 1) la fréquence et le degré d'affects positifs (dont la joie est la principale composante) ; 2) la relative absence d'affects négatifs (tels que la dépression et l'anxiété) ; et 3) le sentiment subjectif de satisfaction dans la vie (consécutif à un jugement global concernant la réalisation de ses aspirations et de ses désirs et la satisfaction de ses besoins).

---

2. Pour une liste exhaustive des mesures utilisées à ce jour, on pourra consulter E. DIENER, «Subjective well-being: The science of happiness and a proposal for a national index», *American Psychologist*, vol. 55, n° 1, 2003, p. 35 et suiv.

3. E. DIENER, «Subjective well-being», *Psychological Bulletin*, 95, 1984, p. 542-575.

D'après cette définition, une personne qui ressent beaucoup d'émotions agréables et peu d'émotions désagréables et dont les besoins sont satisfaits devrait éprouver un sentiment général de bien-être. Il entre donc dans la définition du bien-être subjectif un élément affectif (je me sens bien, je n'éprouve pas de malaise) et un élément cognitif (une évaluation sur sa propre vie). L'établissement de mesures scientifiques du bien-être subjectif est une des acquisitions les plus importantes des trente dernières années. Il est donc maintenant possible d'élaborer une psychologie du bonheur fondée sur des mesures objectives. Il faut garder à l'esprit que les recherches faites jusqu'à maintenant sont corrélationnelles. Elles portent sur les liens entre le bonheur et différentes variables. La prudence s'impose donc quand il s'agit de déterminer les rapports de causalité entre les phénomènes étudiés.

Les déterminants du bonheur

Qu'est-ce qui détermine le bonheur? Il existe sur cette question deux points de vue différents. Diener[4] a utilisé les termes *bottom-up* et *top-down* pour qualifier ces deux points de vue. Selon le *bottom-up* (de bas en haut), le bonheur découle de la réunion de conditions extérieures favorables. L'argent, la santé, les amis, etc., augmenteraient les chances de trouver le bonheur. Ces conditions devraient être les prédicateurs primaires du niveau global de bien-être. Selon le *top-down* (de haut en bas), le bonheur dépend de nos dispositions mentales, lesquelles agissent comme des

4. *Ibid.*

filtres à travers lesquels nous interprétons les événements qui nous arrivent. Ces dispositions joueraient également un rôle dans la détermination de notre bien-être subjectif[5]. Tout au long de ce chapitre, la part respective qui revient aux conditions externes et aux processus internes sera mise en lumière à travers différentes statistiques.

Les conditions externes du bonheur (*bottom-up*)

Les conditions susceptibles d'influer sur le bien-être subjectif sont nombreuses. Dans le cadre qui nous est imparti, nous ne nous arrêterons qu'à un certain nombre d'entre elles : l'argent, la santé, la famille, le travail, l'âge, l'instruction et la religion.

L'argent

L'argent ne fait pas le bonheur. Ce proverbe reflète-t-il un préjugé ou bien la réalité ? Les chercheurs se sont posé quatre questions à ce sujet.

Les gens riches, voire très riches, sont-ils plus heureux que les autres ? Dans presque toutes les études qui portent sur le revenu personnel, les corrélations entre le niveau de revenu et le bien-être subjectif apparaissent légèrement positives[6]. La même observa-

5. G. J. Feist, T. E. Bodner, J. F. Jacobs et M. Miles, « Integrating top-down and bottom-up structural models of subjective well-being : A longitudinal investigation », *Journal of Personality and Social Psychology*, vol. 68, 1, p. 138-150.

6. E. Diener, E. Sandvik, L. Seidlitz et M. Diener, « The relationship between income and subjective well-being : Relative or absolute ? », *Social Indicators Research*, 28, 1993, p. 195-223.

tion vaut pour les gens très riches qui, dans l'ensemble, ne sont guère plus heureux que la population en général[7]. La poursuite de la réussite matérielle nuirait même au bien-être subjectif quand elle devient le but central de la vie[8]. Les auteurs de la recherche font appel à la théorie de la détermination de soi de Deci et Ryan pour expliquer ce résultat. D'après cette théorie, ce sont les motivations autodéterminées, dites intrinsèques, qui procurent les sentiments de bien-être les plus grands. Or, comme l'argent est une récompense extrinsèque, l'énergie dépensée à poursuivre des buts d'ordre matériel nuirait au développement d'une motivation intrinsèque et, par voie de conséquence, au bien-être subjectif de la personne.

Un accroissement soudain du revenu, à la suite par exemple d'un gain à la loterie, rend-il les gens plus heureux? Les recherches montrent qu'une fois passé le moment d'euphorie qui accompagne le gain, les gagnants à la loterie ne sont pas plus heureux qu'ils ne l'étaient une année auparavant[9]. Un accroissement soudain de la richesse peut même venir annuler les effets positifs de l'argent sur le bien-être. Délaisser un emploi peut faire perdre

7. E. Diener, J. Horwitz et R. A. Emmons, «Happiness of the very wealthy», *Social Indicators Research*, 16, 1985, p. 263-274.

8. T. Kasser et R. M. Ryan, «A dark side of the American dream: Correlates of financial success as a central life aspiration», *Journal of Personality and Social Psychology*, 65, 1993, p. 410-422; «Further examining the American dream: Differential correlates of intrinsic and extrinsic goals», *Personality and Social Psychology Bulletin*, 1996, 22, p. 280-287.

9. E. Diener, E. M. Suh, R. E. Lucas et H. L. Smith, «Subjective well-being: Three decades of progress», *Psychological Bulletin*, 125, 1999, p. 276-302.

un important réseau de relations, et des tensions avec la famille et les amis peuvent survenir à la suite d'une aide financière qui a été apportée, etc.

Une augmentation de la richesse dans le pays rend-elle les gens plus heureux? Les recherches montrent que le score moyen de satisfaction déclaré par la population est resté à peu près constant malgré l'augmentation de la richesse des pays développés[10]. Ainsi, le nombre d'Américains se déclarant «très heureux» n'aurait pas augmenté entre 1973 et 2003 malgré un accroissement du PNB des deux tiers. Il en est de même pour les pays européens et le Japon. Deux raisons ont été avancées pour expliquer cette stabilité: l'adaptation et la comparaison. D'une part, les gens s'habituent à un niveau de vie élevé. Le terme anglais *hedonic treadmill* désigne ce phénomène d'adaptation. Les individus s'habituent au niveau de vie qui accompagne leur revenu, si bien que la satisfaction qu'ils en retirent s'estompe au bout de quelque temps. Les variations de leur revenu ne peuvent donc avoir un effet sur eux que le temps qu'ils s'y soient habitués. Ensuite, ils reviennent à leur niveau de satisfaction initial. D'autre part, les gens se comparent aux autres. Les études montrent que l'élévation de leur revenu ne les satisfait que si le montant atteint est supérieur à celui des gens auxquels ils se comparent.

Les habitants des pays riches sont-ils plus heureux que ceux des pays pauvres? Les recherches comparant les pays entre eux

---

10. E. Diener et E. Suh, «Measuring quality of life: Economic, social, and subjective indicators», *Social Indicators Research*, 40, 1997, p. 189-216.

montrent que les nations riches sont beaucoup plus heureuses que les nations pauvres[11].

Les résultats de ces études permettent d'affirmer qu'un niveau minimal de richesse est nécessaire au bonheur, mais qu'au-delà l'argent ne contribue que faiblement à assurer le bien-être.

La santé

Charles Colton a écrit : « Le plus pauvre n'échangerait pas sa santé pour de l'argent, mais le plus riche donnerait tout son argent pour la santé. » La santé contribue-t-elle davantage au bonheur général des personnes que l'argent ? Paradoxalement, la santé objective joue un rôle assez négligeable dans le bien-être subjectif. C'est l'évaluation subjective que les gens font de leur état de santé qui compte le plus dans la détermination de l'état de bien-être[12]. Plusieurs études viennent renforcer ce constat. Par exemple, une étude a montré que la satisfaction de vie de patients gravement malades diffère très peu de celle des personnes en santé[13]. On pense que ces patients utilisent des stratégies cognitives qui leur permettent, malgré leur maladie, de considérer de manière positive leur situation. De son côté, Silver a suivi des individus ayant

11. E. DIENER, M. DIENER et C. DIENER, « Factors predicting the subjective well-being of nations », *Journal of Personality and Social Psychology*, 69, 1995, p. 851-864.

12. R. G. WATTEN, D. VASSEND, T. MYHRER et J. L. SYVERSEN, « Personality factors and somatic symptoms », *European Journal of Personality*, 11, 1997, p. 57-68.

13. I. S. BREETVELT et F. S. A. M. VAN DAM, « Underreporting by cancer patients : The case of response-shift », *Social Science and Medicine*, 32, 1991, p. 981-987.

subi une blessure à la moelle épinière sur une période de huit semaines. Une semaine après leur accident, les sentiments négatifs étaient plus forts que les sentiments positifs. Au cours des sept semaines suivantes, les sentiments négatifs se sont atténués, tandis que le sentiment de bonheur augmentait. Au terme de la huitième semaine, les sentiments positifs étaient plus forts que les sentiments négatifs. Ces données appuient la théorie de l'adaptation, mais n'indiquent pas clairement si les répondants sont revenus à leur niveau de bien-être initial, c'est-à-dire celui d'avant leur accident. Toutefois, des recherches ont montré que, lorsque les problèmes de santé se multiplient, ils interfèrent avec le niveau de bien-être. En effet, les personnes qui souffrent de problèmes multiples ne parviennent plus à revenir à leur niveau de bien-être initial.

On peut conclure de ces recherches que l'influence de la santé sur le bien-être dépend avant tout de la perception que la personne a de son état de santé. Quand la santé n'est pas trop altérée, des stratégies cognitives permettent de garder une image positive de sa situation. Par contre, si les problèmes de santé s'accumulent et deviennent permanents, ils ont alors une influence négative sur le bien-être subjectif.

Le mariage

Dans une étude longitudinale, Headey, Veenhoven et Wearing[14] ont examiné les effets *bottom-up* d'un certain nombre d'éléments.

---

14. B. HEADEY, R. VEENHOVEN et A. WEARING, «Top-down versus bottom-up theories of subjective well-being», *Social Indicators Research*, 24, 1991, p. 81-100.

Parmi les six éléments considérés, seule la satisfaction maritale semble avoir une influence significative sur la satisfaction globale de la vie[15]. Ce résultat est corroboré par plusieurs études ou enquêtes menées un peu partout dans le monde et qui montrent que la vie de couple est fortement corrélée avec le sentiment de bonheur. D'après ces études, les personnes mariées sont significativement plus heureuses que celles qui ne se sont jamais mariées ou qui sont divorcées, séparées ou veuves. Parmi les adultes non mariés, les gens qui vivent avec un conjoint sont aussi significativement plus heureux que ceux qui vivent seuls. Autres résultats observés : la relation positive qu'exerce le mariage sur le bonheur n'est pas limitée à certaines populations[16]. Et la corrélation persiste même quand d'autres variables, tels le revenu et l'âge, sont contrôlées[17].

Le travail

La satisfaction au travail est indiscutablement associée au bienêtre subjectif. Le travail représente une source importante de

---

15. La direction causale demeure toutefois une question sur laquelle les chercheurs ne s'entendent pas. On peut penser que les gens heureux vont plus probablement trouver des partenaires, se marier et le demeurer que les gens moins heureux, ou penser que c'est la vie à deux qui accroît l'aptitude au bonheur. Des recherches soutiennent l'une et l'autre option. La seconde est considérée comme la plus fréquente par les spécialistes.

16. E. DIENER, C. L. GOHM, M. SUH et S. OISHI, « Similarity of the relation between marital status and subjective well-being across cultures », *Journal of Cross-Cultural Psychology*, 31, 2000, p. 419-436.

17. A. E. CLARK et A. OSWALD, « Unhappiness and unemployment », *Economic Journal*, 104, 1994, p. 648-659.

stimulation, il fournit un réseau de relations sociales significatif, il contribue au sentiment d'identité et donne un sens à la vie. Mais de tous les facteurs qui contribuent à rendre le travail épanouissant, ce sont les bonnes relations avec les collègues qui apparaissent comme le plus important. Cependant, les recherches montrent que la relation entre la satisfaction au travail et le bien-être subjectif reflète un processus de « haut en bas », dit *top-down* : les gens qui sont satisfaits de leur vie tendent à trouver plus de satisfaction au travail que les autres[18]. À l'inverse, les personnes qui n'ont pas d'emploi ont un taux de détresse plus élevé, un taux de satisfaction de vie plus bas et des taux de suicide plus élevés que les personnes qui possèdent un emploi. Indiscutablement, la situation de non-emploi a un effet négatif sur le bien-être subjectif. Cette fois, l'effet n'est pas dû d'abord à des traits de personnalité, mais à la situation objective elle-même. Même les gens qui se disent généralement satisfaits de leur vie affirment que leur sentiment de bien-être a diminué à la suite de la perte de leur travail[19].

L'âge

Dans une vaste enquête menée auprès de 60 000 adultes de 40 nations, Diener et Suh[20] ont observé que, des trois composantes qui définissent le bien-être subjectif, seule la première

18. M. J. Stones et A. Kozma, « Happy are they who are happy : A test between two causal models of happiness and its correlates », *Experimental Aging Research*, 12, 1986, p. 23-29.

19. A. E. Clark et A. J. Oswald, *op. cit.*, p. 648-659.

20. E. Diener et E. Suh, « Age and subjective well-being : An international analysis », *Annual Review of Gerontology and Geriatrics*, 17, 1998, p. 304-324.

(présence d'affects positifs) décline avec l'âge. Ils ont trouvé aussi une légère tendance à la hausse dans la satisfaction de vie durant la période comprise entre 20 et 80 ans. Le taux d'affects négatifs vécus pendant la même période est demeuré à peu près le même. Si l'on se fie aux résultats de cette enquête, les gens âgés ne sont pas moins heureux que les plus jeunes, sauf en ce qui concerne l'aspect du déclin des affects positifs. Cette vaste enquête est venue confirmer les résultats d'autres recherches.

On a émis des réserves sur le fait qu'avec l'âge les affects positifs déclinent. Un examen des méthodes utilisées pour mesurer les affects positifs a montré que ce que mesurent celles-ci, c'est avant tout l'intensité des émotions. Or, il est connu que l'intensité de l'émotion décline avec l'âge. Qu'arrive-t-il quand des émotions moins intenses de plaisir sont prises en compte ? Le déclin observé s'estompe et la tendance peut même s'inverser. Dans leur recherche, Mroczek et Kolarz[21] ont en effet observé une légère hausse des émotions positives avec l'âge. L'absence d'une diminution significative de la satisfaction de vie à mesure de l'avancée en âge suggère une capacité impressionnante des gens à s'adapter à leurs conditions de vie. La satisfaction de vie demeure stable à mesure de l'avancée en âge en dépit du déclin des conditions objectives (perte du conjoint, perte de revenu, perte de santé, etc.) qui accompagnent le vieillissement.

21. D. K. Mroczek et C. M. Kolarz, « The effect of age on positive and negative affect : A developmental perspective on happiness », *Journal of Personality and Social Psychology*, 75, 1998, p. 1333-1349.

L'instruction

L'instruction et les diplômes assurent-ils le bonheur? Aussi bien aux États-Unis qu'en Europe ou au Japon, une corrélation faible, mais significative a souvent été trouvée entre l'éducation et le bien-être subjectif. La corrélation devient cependant non significative quand la variable «revenu» est contrôlée[22]. Par contre, l'effet de l'instruction sur le bien-être subjectif est beaucoup plus important dans des pays comme la Corée du Sud, le Mexique, les Philippines ou le Nigeria. Cette donnée suggère que la variable clé est le revenu, l'effet de l'éducation étant plus grand dans les pays pauvres que dans les pays riches.

La religion

Depuis longtemps, les enquêtes générales montrent l'existence d'un effet positif de la religion sur le bonheur. Ainsi par exemple, dans une vaste enquête menée dans 14 pays européens, portant sur un échantillon de plus de 163 000 personnes, 85 % de ceux qui assistent à la messe une fois par semaine ou plus se disent très satisfaits de leur vie, comparativement à 82 % pour les pratiquants occasionnels et à 77 % pour ceux qui n'y vont jamais[23]. D'autres recherchent menées aux États-Unis ont montré que les effets de la religion sur le bien-être subjectif demeurent positifs

22. E. Diener, E. Sandvik, L. Seidlitz et M. Diener, «The relationship between income and subjective well-being: Relative or absolute?», *Social Indicators Research*, 1993, 28, p. 195-223.

23. R. Inglehart, *Culture Shift in Advanced Industrial Society*, Princeton (N. J.), Princeton University Press, 1990.

même lorsque des variables comme l'éducation, l'âge et le travail sont contrôlées[24].

On a estimé que l'ensemble des variables environnementales et démographiques ne comptaient que pour seulement 8 à 15 % de la variance[25]. Cela signifie que leur effet sur le bonheur, sans être négligeable, demeure faible. Les plus grands effets sont dus au mariage et à l'emploi. Les effets sont plus forts chez certains groupes, par exemple le revenu chez les pauvres. Des groupes de personnes sont plus malheureux que d'autres, comme les chômeurs ou les gens vivant seuls. Ces données indiquent que les facteurs objectifs, s'ils contribuent au bonheur, y contribuent peu et seulement à court terme.

Les processus internes du bonheur (*top-down*)

Dans une étude longitudinale sur le bonheur, des chercheurs ont interviewé à deux reprises 5 000 personnes à dix ans d'intervalle et ont obtenu une corrélation élevée entre les deux mesures[26]. Les résultats obtenus indiquent qu'à long terme le bonheur reste stable. Puisque cette stabilité ne semble pas s'expliquer par des facteurs objectifs, ces derniers ont été recherchés du côté de la personnalité.

24. M. ARGYLE, *The Psychology of Happiness*, New York, Routledge, 2001.
25. S. LYUBOMIRSHY, « Why are some people happier than others? The role of cognitive and motivational processes in well-being », *American Psychologist*, vol. 56, 2001.
26. P. T. COSTA, R. R. MCCRAE et A. B. ZONDERMAN, « Environmental and dispositional influences on well-being: Longitudinal follow-up of an American national sample », *British Journal of Psychology*, 78, 1987, p. 299-306.

L'hérédité

L'être humain serait-il génétiquement prédisposé à être heureux ou malheureux? En analysant de nouveau les résultats d'une étude faite sur des jumeaux monozygotes et dizygotes élevés ensemble ou élevés séparément, Lykken et Tellegen[27] ont estimé que 80 % du bien-être subjectif à long terme serait dû à l'hérédité. D'autres chiffres ont été avancés par la suite, qui oscillent autour de 50 %. Ces chiffres suggèrent que l'hérédité joue un rôle très important dans la détermination du bonheur.

Les traits de personnalité

Les traits de la personnalité sont des aspects de la personnalité qui sont durables, stables et longs à changer. Selon les recherches, les traits de personnalité compteraient pour 40 à 50 % de la variabilité du bien-être subjectif[28]. Trois traits de la personnalité ont été particulièrement étudiés en relation avec le bien-être subjectif.

L'EXTRAVERSION. – La personne extravertie est une personne sociable, dynamique, expressive, qui ne craint pas l'inconnu et qui est facilement influençable par les autres. L'extraversion est fortement corrélée avec les émotions positives et le bien-être subjectif. La relation entre extraversion et bien-être subjectif est

27. D. LYKKEN et A. TELLEGEN, «Happiness is a stochastic phenomenon», *Psychological Science*, 7, 1996, p. 186-189.
28. P. STEEL, J. SCHMIDT et J. SHULTZ, «Refining the relationship between personality and subjective well-being», *Psychological Bulletin*, vol. 134, n° 1, 2008, p. 138-161.

si robuste que Costa et autres[29] ont trouvé que l'extraversion pouvait prédire le bonheur dix-sept ans plus tard. Des recherches ont aussi établi que la personne extravertie, qu'elle soit seule ou avec d'autres, qu'elle vive en milieu rural ou urbain, qu'elle ait une occupation sociale ou solitaire, est plus heureuse que la personne introvertie[30].

Autant l'extraversion est associée avec des sentiments positifs, autant le « neuroticisme » est associé avec des sentiments négatifs. « Ce genre de tempérament, écrit André Christophe, regroupe un ensemble de traits, dont une réactivité excessive au stress, une présence importante d'affects négatifs (inquiétude, hostilité, tristesse, etc.), une certaine instabilité émotionnelle (le moral connaît des hauts et des bas)[31]. » La relation entre le neuroticisme et le bien-être subjectif est presque toujours négative. En raison de ce trait de caractère, ces personnes ont beaucoup moins de chances que d'autres d'être heureuses.

L'ESTIME DE SOI. – Dans les sociétés occidentales, l'estime de soi est fortement associée avec le bien-être subjectif[32]. La plupart des

29. P. T. Costa, R. R. McCrae et A. H. Norris, « Personal adjustment to aging : A longitudinal prediction from neuroticism and extraversion », *Journal of Gerontology*, 36, 1, 1981, p. 78-85.

30. E. Diener, E. Sandvik, W. Pavot et F. Fujita, « Extraversion and subjective well-being in a U.S. national probability sample », *Journal of Research in Personality*, 26, 1992, p. 205-215.

31. C. André, *Vivre heureux. Psychologie du bonheur*, Paris, Odile Jacob, 2003, p. 69.

32. S. Lyubomirky, C. Tkach et M. R. Dimatteo, « What are the differences between happiness and self-esteem ? », *Social Indicators Research*, 78, 2006, p. 363-404.

gens ne semblent donc pas faire de distinction entre la façon dont ils sont heureux et la façon dont ils sont satisfaits d'eux-mêmes. En revanche, dans les cultures plus collectives, la corrélation entre l'estime de soi et le bonheur demeure très faible. Lorsque la communauté est plus valorisée que l'individu, l'estime de soi semble jouer un rôle plutôt négligeable dans le bonheur des gens.

L'OPTIMISME. – Les optimistes envisagent positivement l'avenir, se rappellent les choses agréables du passé, ont une vision positive des autres, expérimentent davantage de stimuli agréables et s'attendent à ce que leurs actions aient des résultats positifs. Bon nombre de recherches ont montré une corrélation positive entre l'optimisme et le bien-être subjectif. Taylor et Brown[33] ont discerné trois « illusions positives » liées à l'optimisme. Ces illusions sont constituées d'une perception surévaluée de soi-même, d'une surestimation de sa capacité à contrôler l'environnement et d'une vision trop positive de l'avenir. Quand ces illusions sont modérées, elles favorisent le bien-être subjectif. Une certaine illusion serait-elle nécessaire au bonheur? Des auteurs expliquent la relation entre l'optimisme et le bien-être subjectif par la tendance générale à attendre des résultats favorables de la vie. Une personne qui attend des résultats favorables travaillera davantage pour atteindre ses buts que la personne qui attend le contraire.

33. S. E. TAYLOR et J. D. BROWN, « Illusion and well-being: A social-psychological perspective on mental health », *Psychological Bulletin*, 103, 1988, p. 193-210.

Les pensées que l'on entretient à l'égard de l'avenir influent donc sur la réussite et, par là, sur le bien-être subjectif.

L'estime de soi, l'optimisme et la composante cognitive du bien-être subjectif (la satisfaction à l'égard de sa propre vie) sont fortement combinés entre eux. Récemment, Caprara et autres[34] ont émis l'hypothèse que ces trois variables n'en constituent en fait qu'une seule et ils l'ont désignée sous le nom de «pensée positive». Les études ont montré que la pensée positive est plus fortement associée avec le bien-être subjectif que chaque variable prise isolément.

LE BONHEUR EST-IL PRÉDÉTERMINÉ? – Les études montrent que les traits stables de la personnalité exercent une influence décisive sur le bonheur. Chaque personne hérite donc, à sa naissance, d'un bagage génétique qui la prédispose plus ou moins au bonheur. Cette prédisposition ne signifie pas qu'il soit impossible d'accroître son bonheur. Il existe des méthodes pour l'augmenter. Il est possible de cultiver efficacement le bonheur[35]. L'humeur et les traits de personnalité sont difficiles à changer, mais il n'est pas impossible d'y arriver. Les psychothérapies et les médicaments ont prouvé leur efficacité. Et il existe une autre méthode pour être heureux, accessible à tous, que des recherches récentes ont permis d'établir.

34. G. V. CAPRARA et P. STECA, «Affective and social self-regulatory efficacy beliefs as determinants of positive thinking and happiness», *European Psychologist*, vol. 10, 2005.

35. Au chapitre 8 de son livre, Christophe André donne d'excellents conseils sur l'art de cultiver et de protéger le bonheur.

Une autre définition du bonheur

La définition du bien-être subjectif de Diener s'inscrit dans une conception hédoniste du bonheur. Cette conception, qui tend à assimiler le bonheur avec la recherche du plaisir et l'évitement du déplaisir, n'est pas la seule définition possible du bonheur. Dans un effort de conceptualisation, des chercheurs ont créé le terme *eudaimonic* (du grec *daimon*), pour désigner une forme de bonheur différente du bonheur hédoniste[36]. Les éléments qui entrent le plus souvent dans la définition que les chercheurs donnent du bonheur « eudaimonique » sont l'actualisation de soi et la recherche de l'excellence. Ryff et Singer[37] ont proposé une mesure qui intègre six éléments de l'actualisation de soi : autonomie, croissance personnelle, acceptation de soi, buts, maîtrise et relation positive à autrui. Les six éléments ont pu être rattachés positivement au bien-être. L'actualisation de soi induirait donc une forme de bonheur différente de celle qui est décrite par Diener. Nous en décrirons les caractéristiques un peu plus loin.

Des chercheurs ont voulu vérifier si l'actualisation de soi pouvait amener une *augmentation* du niveau de bien-être. Sheldon

36. A. S. WATERMAN, « Two conceptions of happiness : Contrasts of personal expressiveness (eudaimonia) and hedonic enjoyment », *Journal of Personality and Social Psychology*, 64, 1993, p. 678-691 ; R. M. RYAN et E. L. DECI, « On happiness and human potentials : A review of research on hedonic and eudaimonic well-being », *Annual Review of Psychology*, 52, 2001, p. 141-166.

37. C. D. RYFF et B. SINGER, « Interpersonal flourishing : A positive health agenda for the new millennium », *Personality and Social Psychology Bulletin*, 4, 2000, p. 30-44.

et Houser-Marko[38] ont constaté que des étudiants qui réalisent leurs buts personnels[39] au premier semestre de leurs études universitaires observent une augmentation de leur bien-être émotionnel à la fin de ce semestre. Plus important encore, l'étude montre que les étudiants voyaient leur bien-être s'accroître encore s'ils continuaient de poursuivre leurs buts au semestre suivant. Les étudiants qui cessaient de les poursuivre au second semestre tendaient à revenir à leur niveau de bien-être initial. Trois ans plus tard, les étudiants ont été rencontrés de nouveau. Dans cette nouvelle étude, les chercheurs ont découvert que les étudiants qui ont continué à poursuivre leurs buts ont vu leur bien-être s'accroître continuellement durant leurs années d'études. Les résultats de ces deux recherches montrent qu'il est possible non seulement d'accroître son niveau de bonheur, mais aussi de le maintenir sur une longue période de temps. La théorie de l'adaptation (*hedonic treadmill*) ne paraît donc pas s'appliquer aux activités orientées vers des buts. Plutôt que de décliner comme le prévoit cette théorie, le bonheur que ces activités procurent ne cesse d'augmenter.

Le bonheur flow

Le psychologue américain Mihaly Csikszentmihalyi[40] a mené de nombreuses recherches sur le bonheur « eudaimonique ». Il fait

38. K. M. SHELDON et L. HOUSER-MARKO, « Self-concordance, goal-attainment, and the pursuit of happiness : Can there be an upward spiral ? », *Journal of Personality and Social Psychology*, 2001, 80, p. 152-165.

39. La réalisation des buts constitue l'un des éléments de l'actualisation de soi.

40. M. CSIKSZENTMIHALYI, *Vivre, la psychologie du bonheur*, Paris, Pocket, 2005.

correspondre ce bonheur à un état qu'il désigne sous le nom de *flow*. Le *flow* (en français : « flux », « courant ») est un état dynamique de bien-être, de plénitude, de joie, de créativité, d'implication totale, de bonheur. Diverses activités ont pu être associées à cet état : s'adonner à un jeu, gravir une montagne, aménager un jardin, exécuter une danse, lire un livre, participer à une discussion. Cet état n'est cependant atteint que si un certain nombre de facteurs sont réunis. L'auteur en distingue huit :

– une expérience optimale se produit quand la tâche entreprise est réalisable, mais constitue un défi et exige une aptitude particulière ;
– l'activité exige une concentration profonde qui absorbe et canalise l'attention ;
– cette concentration s'explique par le fait que l'activité a un but précis et bien compris ;
– l'activité en cours fournit une rétroaction immédiate, car on sait quand le but est atteint, l'activité ayant un sens en elle-même ;
– l'engagement de l'individu est total et fait disparaître toute distraction ;
– la personne maîtrise bien ses actes ;
– le souci de soi disparaît, mais, paradoxalement, le sens du soi est renforcé à la suite de l'expérience optimale ;
– le sens du temps est altéré, les heures deviennent des minutes et les minutes peuvent paraître des heures[41].

La combinaison de ces éléments produit un sentiment de bien-être si gratifiant que le seul fait de le ressentir justifie une grande

41. Voir Csikszentmihalyi, *ibid*, p. 78-106.

dépense d'énergie. Le concept *flow* décrit un bonheur de l'action, plus exactement un bonheur de l'action maîtrisée.

Les deux formes de bonheur que nous venons de décrire ont chacune leurs caractéristiques propres. Le bonheur hédoniste correspond à la satisfaction ressentie quand un besoin est comblé. Il peut être éprouvé sans effort. Il ne produit pas comme tel d'accroissement psychique. Il s'accompagne d'un sentiment de plaisir. Le surcroît de bonheur que procure le plaisir est passager. Le bonheur «eudaimonique» survient à la suite d'une expérience d'actualisation de soi. Il résulte d'une action qui exige effort, engagement et maîtrise et qui doit s'accorder avec les aptitudes de l'individu[42]. Il transforme le soi en l'enrichissant. Il s'accompagne d'un sentiment d'accomplissement de soi. Le surcroît de bonheur que procure ce sentiment dure tout le temps que la personne reste engagée dans son processus d'actualisation de soi.

Conclusion

Dans ce bref chapitre, nous nous sommes efforcé de cerner les facteurs psychologiques susceptibles de déterminer le bonheur. Trois facteurs ont pu être identifiés qui, à des degrés divers, exercent une influence sur le bien-être subjectif.

Il y a d'abord les conditions de vie, qui incluent les événements (gagner à la loterie, avoir un accident d'auto, etc.) et diverses

---

42. L'importance de cet accord ne saurait être sous-estimée. Des exigences élevées et une faible maîtrise provoquent le stress. Des exigences faibles et une forte maîtrise amènent l'ennui. Des exigences et une maîtrise faibles entraînent l'apathie. Voir Csikszentmihalyi, *ibid.*, p. 120 et suiv.

variables démographiques (statut marital, santé, travail, revenu, religion, etc.). D'après les recherches, toutes les conditions de vie réunies comptent pour seulement 8 à 15 % de la variabilité du bien-être subjectif. Quoique non négligeables, les conditions de vie ne jouent finalement qu'un rôle modeste dans le bien-être subjectif à long terme. Un facteur d'adaptation (*hedonic treadmill*) expliquerait qu'à la suite d'événements heureux ou malheureux les gens reviennent assez rapidement à leur niveau de bien-être initial. Bien sûr, ces résultats ne sont valables que pour les sociétés riches, et une trop grande misère matérielle s'oppose au bonheur.

Il y a ensuite les aspects stables de la personnalité, comme l'hérédité, le tempérament et les traits de personnalité. Ce sont les facteurs qui influent le plus sur le bien-être subjectif. Ce n'est donc pas sans raison que Bernard Grasset écrivait : « Ce n'est pas à la possession des biens qu'est attaché le bonheur, mais à la faculté d'en jouir. »

Il y a enfin les activités intentionnelles. Maîtriser sa vie, se fixer et poursuivre des buts, travailler à sa croissance, exercer son autonomie, établir des relations positives avec autrui sont des activités étroitement associées au bonheur. Elles induisent une forme de bonheur qualitativement différente du bonheur hédoniste. On est encore à déterminer actuellement l'influence qu'exercent ces activités sur le bien-être. D'après une récente estimation, celle-ci serait loin d'être négligeable.

CHAPITRE VII

Bonheur, loisir et vieillissement

Pierre Ouellette[1]

Les personnes âgées

Il existe des liens indéniables entre le bonheur, le loisir et le vieillissement. D'une part, le bonheur et le loisir ont été longuement associés à la contemplation et, d'autre part, les personnes âgées seraient enclines à avoir une vie plus contemplative. Mais, avant d'étudier ces diverses relations, jetons d'abord un bref regard sur la situation actuelle des aînés. Le vieillissement des sociétés est surtout la conséquence des taux de mortalité, de natalité et d'immigration[2]. Le phénomène des *baby-boomers* influe de façon importante sur le nombre de personnes âgées. En 2000, on estimait au Canada le pourcentage des 65 ans et plus à

---

1. L'auteur est professeur titulaire à l'École de kinésiologie et de récréologie de la Faculté des sciences de la santé et des services communautaires de l'Université de Moncton.

2. Jean VÉZINA, Philippe CAPPELIEZ et Philippe LANDREVILLE, *Psychologie gérontologique*, Boucherville, Gaëtan Morin, 1995, p. 13.

12 % ; on prévoit atteindre 19 % d'ici 2021 et possiblement 25 % en 2041. Les études sur leur satisfaction à l'égard de la vie sont abondantes et la grande majorité de ces travaux font état de taux de satisfaction élevés. Les plus importantes variables sont la santé, le revenu, le logement, le loisir, la spiritualité et la religion[3]. Il va sans dire que les nombreux mythes entourant le vieillissement doivent être énergiquement combattus. Grâce aux travaux de quelques chercheurs, certaines images négatives se sont révélées particulièrement fausses[4]. Parmi celles-ci, notons l'idée que les personnes âgées sont en grande majorité malades ou bien séniles, vivant souvent seules et sous le seuil de la pauvreté. La majorité des personnes âgées, quel que soit leur état de santé, sont encore actives. Toutefois, les loisirs qu'on leur propose ne correspondent pas toujours à leurs besoins.

Problématiques du loisir chez les personnes âgées

Les importantes périodes de temps libre constituent un facteur qui influe sur la qualité de vie des personnes âgées. Beaucoup d'entre elles n'ont pas trouvé de façons de se récréer. Certes, on n'apprend pas à jouer au golf du jour au lendemain. Mais l'amateur de livres rares, le bénévole qui s'intéresse au sort des démunis, le militant pour le respect de l'environnement sont tous des

---

3. Voir en particulier l'ouvrage de A. KOZMA, M. J. STONES et J. K. McNEIL, *Psychological Well-Being in Later Life*, Toronto, Butterworths, 1991, p. 69-99.
4. Il faut mentionner entre autres l'étude de Erdman PALMORE, *Ageism : Negative and Positive*, New York, Springer, 1990.

passionnés, rayonnant une joie de vivre contagieuse. Le vieillissement s'accompagne en quelque sorte d'une quête de sens[5].

Pour mieux cerner la santé et l'autonomie des personnes âgées, les intervieweurs de la maison de sondage CROP ont interrogé 3 000 aînés de la région de Moncton et du quartier Hochelaga-Maisonneuve à Montréal[6]. Dans l'échantillon de Moncton (1 499 personnes), ce qui surprend le plus c'est probablement que 70 % des aînés sont affligés d'au moins deux maladies chroniques. Ce qui fait dire aux auteurs de l'étude que « [...] la santé n'est pas toujours l'absence de maladies. C'est aussi la capacité de s'engager dans des activités et de ne pas être déprimé. » Malgré tout, soulignons que seulement 7,6 % des aînés jugent leur santé mauvaise et que 3,7 % souffrent de problèmes de mémoire. Près de 56 % présentent des limites fonctionnelles, c'est-à-dire de sérieuses difficultés à accomplir des actions telles que monter ou descendre un escalier. Environ 40 % d'entre eux sont incapables d'exécuter des tâches de la vie courante telles que faire le ménage. Seulement 2,4 % ont des difficultés plus sérieuses liées à des actions essentielles telles que manger ou se laver. Le taux de dépression se situe à 7,6 %. Les maladies chroniques suivantes sont les plus fréquentes : l'arthrite (44,5 %), l'hypertension (26,7 %), la gastrite (24,9 %), les cataractes (24,3 %), les maladies coronariennes (22,5 %) ou génito-

5. Raymond LEMIEUX, « Vieillir, une question de sens ? », *Revue internationale d'action communautaire*, vol. 23, n° 63, 1990, p. 25-33.

6. François BÉLAND et autres, *Vieillir dans la communauté : santé et autonomie. Rapport de recherche au programme de recherche sur l'autonomie des aîné(e)s (PRAA) et le service de recherche de la stratégie canadienne antidrogue (SCA) PNRDS*, n° 6605-4570-602, Montréal, chez les auteurs, 1998.

urinaires (22,3 %). Soulignons que 26 % sont jugés vulnérables en raison de leur difficulté de vivre à domicile ou encore dans la communauté.

Les activités de loisir des personnes âgées, qui disposent d'importantes périodes de temps libre, sont diverses. Leur nombre et leur fréquence diminuent à mesure que les personnes avancent en âge. Des facteurs tels que la santé, le transport et le revenu ont des effets certains sur les habitudes de loisir. Les occupations passives sont nombreuses et limitées à la maison[7]. Il est certain que les activités récréatives ont un effet positif sur la qualité de vie des personnes âgées. Plusieurs études empiriques, s'étendant sur une trentaine d'années, révèlent que le plaisir de vivre des aînés est fonction non seulement de la santé et du revenu, mais aussi de la façon d'occuper ses loisirs[8]. Le loisir est surtout considéré comme une période de temps libre, une activité récréative, une expérience ou un état d'esprit. Celui-ci a rapport à la perception de la liberté, à la motivation intrinsèque et à la suspension de la réalité[9]. Pour Richard Kraus, la notion de loisir englobe les activités de loisir proprement dites et la dimension spirituelle[10].

7. Barry MCPHERSON, *Aging as a Social Process: An Introduction to Individual and Population Aging*, Toronto, Harcourt Brace, 1998, p. 278-279.

8. J. KELLY et J. ROSS, « Later-life leisure : Beginning a new agenda », *Leisure Sciences*, vol. 11, n° 1, 1989, p. 47-59.

9. John KELLY, *Leisure*, Boston, Allyn and Bacon, 1996, p. 17-25.

10. Richard KRAUS, *Recreation and Leisure in Modern Society*, Boston, Jones and Bartlett, 2001, p. 38.

Plusieurs chercheurs aimeraient que davantage d'études soient consacrées à la signification du loisir pour les personnes âgées. Le recensement le plus complet des études sur la question a vraisemblablement été effectué par Powell Lawton en 1993. Il groupe les activités en catégories telles que «expérientielle» (solitude, relaxation, etc.), «développementale» (défi intellectuel, créativité, etc.) et «sociale» (service communautaire, statut social)[11]. Bien entendu, les cohortes de la même classe d'âge qui suivront dans quelques années seront probablement différentes. Que l'on pense simplement à la première vague des *baby-boomers* qui atteindront prochainement l'âge de 65 ans. Vu leur nombre imposant, leur excellente santé, leur forte scolarité ainsi que leur riche expérience professionnelle, ils présenteront sûrement un autre profil que celui des générations précédentes. Par ailleurs, ce qu'il faut retenir, c'est que la dimension spirituelle ou contemplative est importante pour les personnes âgées. Il convient donc d'examiner la notion de loisir spirituel. Cette forme de loisir est la plus propre à rendre nos aînés heureux.

Loisir spirituel et quête de bonheur chez les personnes âgées

La retraite fait problème en ce que les besoins récréatifs et spirituels de bon nombre d'aînés ne sont pas toujours comblés. Nos recherches nous ont montré qu'ils sont disposés à donner une

---

11. Powell LAWTON, «Meanings of activity», dans John KELLY (dir.), *Activity and Aging: Staying Involved in Later Life*, Newbury (Calif.), Sage, 1993, p. 25-41.

orientation précise à leur quête de bonheur en s'occupant notamment à des activités à caractère spirituel. Les personnes âgées ont le désir d'approfondir leur vie spirituelle. Elles doivent faire face à la solitude, à la maladie et à la mort. L'observation courante et les études empiriques montrent que les aînés ont de bien légitimes préoccupations d'ordre religieux[12]. Elles sont portées à se livrer à la contemplation du fait de leur tendance à se distancier des événements, à rappeler le passé, à pratiquer la sagesse et à accepter les événements heureux ou malheureux de la vie[13].

Les activités liturgiques, religieuses et paroissiales sont des plus populaires chez les membres des clubs d'âge d'or[14]. Les offices religieux se situent au premier rang sur un total de 80 activités. L'écoute d'émissions religieuses vient au 12e rang. La contemplation ou la prière, au 13e rang. S'asseoir et réfléchir se situe au 14e rang[15]. Une étude sur les retraites dans un monastère bénédictin qui faisait intervenir de nombreux aînés a montré que la prière et la contemplation sont des activités de loisir pour ces

12. David MOBERG, « The spiritual life review », dans David MOBERG (dir.), *Aging and Spirituality: Spiritual Dimensions of Aging Theory, Research, Practice, and Policy*, Binghamton (N. Y.), The Haworth Pastoral Press, 2001, p. 159-176.

13. Robert BUTLER, « The life review: An interpretation of reminiscence in the aged », *Psychiatry*, vol. 26, 1963, p. 65-76.

14. Pierre OUELLETTE, « The leisure activities of the elderly in New Brunswick, Canada », dans Victor MARSHAL et Barry MCPHERSON (dir.), *Aging: Canadian Perspectives*, Peterborough (Ont.), Broadview Press/Journal of Canadian Studies, 1994, p. 140-157.

15. Pierre OUELLETTE, « The leisure participation and enjoyment patterns of French and English-speaking members of senior citizens' clubs in New Brunswick, Canada », thèse de doctorat, New York University, 1985.

derniers[16]. Ces retraites spirituelles sont effectuées librement et occupent des temps libres. Les programmes de formation en sciences humaines incorporent de plus en plus dans leur programme des cours sur la spiritualité. Les spécialistes en études du loisir ont reconnu la nécessité de redécouvrir les relations entre le loisir et la spiritualité. Les chercheurs commencent à mettre en lumière les expériences spirituelles survenant la plupart du temps au cours d'activités en pleine nature[17]. Ils proposent même l'intégration de la spiritualité dans les programmes d'activités des parcs naturels ou les programmes de loisir thérapeutique. Des travaux ont établi qu'il y a une relation entre le loisir et le bien-être spirituel. D'autres ont montré que la nature éveille des sentiments d'harmonie et d'unité. L'éducation par l'aventure favorise le développement spirituel. Des activités telles que la randonnée pédestre amèneraient entre autres un sentiment d'émerveillement.

Une attitude d'ouverture, un milieu naturel, l'équilibre de vie, l'histoire personnelle, la solitude, le silence et les activités compatibles avec soi sont en rapport avec le bien-être spirituel[18]. Plusieurs activités favorisant l'intériorisation peuvent aussi aider

16. Pierre OUELLETTE, Rachel KAPLAN et Steve KAPLAN, « The monastery as a restorative environment », *Journal of Environmental Psychology*, vol. 25, n° 2, 2005, p. 178-188.

17. Paul HEINTZMAN et Glen VAN ANDEL, « Research update : Leisure and spirituality », *Parks and Recreation*, vol. 30, n° 3, 1995, p. 22-34 ; Paul HEINTZMAN, « Leisure and spirituality : The re-emergence of a historical relationship », *Parks and Recreation Canada*, vol. 60, n° 5, 2003, p. 30-31.

18. Paul HEINTZMAN, « Leisure and spiritual well-being relationships : A qualitative study », *Society and Leisure,* vol. 23, n° 1, 2000, p. 41-69.

les gens âgés à atteindre ce dernier. Les expériences spirituelles peuvent être suscitées non seulement par la contemplation, mais aussi par la musique, la danse, le plein air, etc.[19]. Pour Leonard Doohan, le loisir spirituel est synonyme de réceptivité et d'attitude contemplative[20]. Les chercheurs Glen Van Andel et Paul Heintzman n'hésitent pas à conseiller aux spécialistes de la récréation thérapeutique d'exploiter les richesses de la spiritualité chrétienne[21]. La quête de sens peut se faire dans le cadre d'activités récréatives, propices au dialogue et à la réflexion. Les activités se déroulant dans la nature offrent de véritables avantages. La gérotranscendance confirme l'importance du loisir spirituel pour les aînés.

L'apport de la gérotranscendance

C'est le chercheur Lars Tornstam qui a élaboré la théorie de la gérotranscendance[22]. Il soutient que les personnes âgées acquièrent une vision cosmique ou transcendante du monde. Cela

19. Barbara McDonald et Richard Schreyer, «Spiritual benefits of leisure participation and leisure settings», dans Beverley Driver, Perry Brown et George Peterson (dir.), *Benefits of Leisure*, State College (Penn.), Venture Publishing, 1991, p. 179-194.

20. Leonard Doohan, *Leisure: A Spiritual Need*, Notre Dame (Ind.), Ave Maria Press, 1990, p. 53-85.

21. Glen Van Andel et Paul Heintzman, «Christian spirituality and therapeutic recreation», dans Charles Sylvester (dir.), *Philosophy of Therapeutic Recreation: Ideas and Issues,* vol. II, Arlington (Va.), National Recreation and Park Association, 1996, p. 71-85.

22. Pour un exposé récent de cette approche théorique, voir entre autres Lars Tornstam, *Gerotranscendance: A Developmental Theory of Positive Aging*, New York, Springer, 2005.

explique leur besoin légitime de solitude et de méditation. Il en résulte une redéfinition du moi, des relations sociales, du temps et de l'univers. Le temps devient une préoccupation moins importante, la peur de la mort s'estompe graduellement, les activités, en particulier celles à caractère social, s'ordonnent les unes par rapport aux autres, les questions matérielles passent au second plan. Cela se traduit par une augmentation de la satisfaction à l'égard de la vie. La gérotranscendance confirme la nécessité de développer le loisir contemplatif chez les aînés comme voie susceptible de mener au bonheur.

L'apport de la contemplation

Aristote s'est longuement penché sur l'art d'être heureux. Il soutient que la contemplation conduit au bonheur, tout comme notre capacité à raisonner. Toutefois, il n'imagine pas le bonheur comme un état subjectif de bien-être ou de satisfaction, mais comme une action, et plus précisément comme une action vertueuse ou civique qui s'accomplit dans les temps de loisir. Il considère que le temps libre comprend les divertissements, les activités et la contemplation. Il soutient que la plus haute forme de loisir est la contemplation, une condition essentielle au bonheur. Sa perception du loisir contemplatif semble s'accorder avec l'expérience religieuse ou spirituelle[23] de notre époque.

Quelle est la nature de la contemplation? Nous savons intuitivement de quoi il s'agit. Qui d'entre nous n'a jamais contemplé

---

23. Pour une analyse approfondie du bonheur et de la contemplation, voir ARISTOTE, *Éthique de Nicomaque*, livre X, Paris, Garnier-Flammarion, 1992.

un coucher de soleil ou encore le visage d'un enfant. Dans la spiritualité chrétienne, la contemplation est généralement considérée comme un moyen d'entrer en contact avec la dimension spirituelle de son être. Elle constitue ainsi l'essence même du bonheur. Le bénédictin Jean Leclercq a recensé le vocabulaire monastique relatif à la contemplation et au loisir spirituel[24]. Il renforce l'idée que le sens des termes «repos», «vacances» ou «sabbat» varie d'une tradition à l'autre (profane, biblique ou patristique). Dans la tradition patristique, *otium* désigne généralement une retraite ayant pour but de donner à l'âme humaine une liberté intérieure face à l'agitation, une paix profonde. Le silence intérieur véhicule la notion de saint loisir ou de contemplation. Le philosophe Josef Pieper définit le loisir comme une célébration, une prière, une contemplation ou une adoration[25]. Nombreux sont les penseurs qui conseillent aux aînés d'abandonner le loisir utilitaire et productif au profit du loisir contemplatif. Le loisir contemplatif est plus propre à répondre à leurs besoins. La spiritualité bénédictine fournit des clés qui aident à acquérir l'état d'esprit nécessaire.

L'apport de la spiritualité bénédictine

La spiritualité bénédictine est l'une des plus anciennes spiritualités catholiques. Elle a plus de 1 500 ans. Basée sur une règle monas-

---

24. Jean LECLERCQ, *Otia monastica. Études sur le vocabulaire de la contemplation au Moyen Âge*, Rome, Orbis Catholicus/Hender, 1963, p. 13-59.

25. Josef PIEPER, *Leisure: The Basis of Culture*, New York, Pantheon Books, 1963.

tique, elle comporte entre autres les éléments suivants : la liturgie, la *lectio divina*, le silence, l'hospitalité, la stabilité, la vie communautaire, la présence de Dieu, la conversion, l'équilibre et le détachement[26]. La règle bénédictine est avant tout un guide pratique et une source de sagesse[27]. Elle a d'abord été conçue à l'intention des moines. Toutefois, aujourd'hui des laïcs adoptent l'esprit de saint Benoît en s'associant à un monastère, par exemple, dans le cadre de l'oblature bénédictine[28]. Les principes de vie énoncés dans la *Règle* s'adressent, selon les indications mêmes de saint Benoît, à des débutants. Les gens d'aujourd'hui et surtout les aînés peuvent y trouver des enseignements susceptibles d'améliorer leur qualité de vie. La spiritualité bénédictine peut favoriser un loisir contemplatif qui correspond aux aspirations des personnes âgées. La règle bénédictine met au premier plan : 1) la fraternité ; 2) la modération ; 3) l'hospitalité ; 4) le silence ; 5) la prière ; 6) l'humilité ; 7) le détachement ; et 8) la sacralisation. Ces éléments ont une portée universelle. Quatre maîtres du zen, après avoir lu et commenté la *Règle* de saint Benoît, y ont trouvé de nombreux points communs avec leur propre tradition[29]. Ces éléments visent tous la pratique du bien et une meilleure conduite de la vie.

26. Joan Chittister, *Wisdom Distilled from the Daily : Living the Rule of St. Benedict Today*, San Francisco, Harper Collins, 1991.

27. Michael Pomedli, « Rule of Benedict : Lessons in practical wisdom », *American Benedictine Review*, vol. 37, n° 1, 1986, p. 96-108.

28. Linda Kulzer et Roberta Bondi (dir.), *Benedict in the World : Portraits of Monastic Oblates,* Collegeville (Minn.), Liturgical Press, 2002.

29. Patrick Henry (dir.), *Benedict's Dharma : Buddhists Reflect on the Rule of Saint Benedict*, New York, Riverhead Books, 2001.

LA FRATERNITÉ. – Dans la *Règle*, tout un chapitre est consacré aux relations fraternelles, et certains passages invitent à la tolérance et à l'amour du prochain (*RB*, 72, 4-5, 7-8). Voici une notion pratique qui mériterait d'être prise en considération par les dirigeants des clubs d'âge d'or : « L'abbé cherchera à être aimé par les frères plutôt qu'à être craint » (*RB*, 64, 15). Les dirigeants des mouvements associatifs devraient s'attacher à faire rayonner la confiance procédant de la paix intérieure : « Il n'est pas agité, il n'est pas inquiet. Il n'exagère pas les choses, il n'est pas têtu. Il n'est pas jaloux et il sait faire confiance aux frères. Sinon, il ne connaîtra jamais le repos » (*RB*, 64, 16). Les attitudes intérieures des responsables influent sur les gens de leur entourage, d'où la nécessité de les surveiller constamment afin de les rendre positives et de mettre en confiance les personnes âgées. La fraternité est un élément qui permet aux personnes âgées de socialiser. Le bonheur consiste aussi à rencontrer l'autre, quel que soit notre âge.

LA MODÉRATION. – Dans la tradition bénédictine, on retrouve plusieurs exhortations à la modération ou à l'équilibre, notamment en ce qui concerne la nourriture, la boisson, le travail et la prière, d'autant que la *Règle* prend en compte les malades, les jeunes et les vieillards (*RB* 20 ; 36 ; 37 ; 40). L'abbé doit aussi s'ajuster aux différences de personnalité (*RB* 2, 31). Il tient même compte des retardataires aux offices religieux, qui témoignent d'un penchant bien humain (*RB*, 43). La médecine actuelle recommande l'activité physique aux personnes âgées. Toutefois, dans l'exécution du programme d'activités physiques, la personne âgée doit éviter de tomber dans l'ascétisme. Il faut agir avec modération. Au début, certains s'y adonnent avec une telle ardeur qu'ils sont forcés d'abandonner peu de temps après à cause de douleurs musculaires. Selon la doctrine bénédictine, il vaut mieux marcher une demi-heure que de marcher frénétiquement deux heures chaque jour et ensuite décrocher au bout de deux semaines. Plus d'un retraité trouve le moyen de s'épuiser et se voit obligé de reconsidérer ses nombreux engagements paroissiaux ou communautaires. La mesure a été dépassée. De graves conséquences s'ensuivent forcément sur le plan du bien-être personnel.

L'HOSPITALITÉ. – L'hospitalité est un élément si important de la vie monastique que des directives précises régissent l'arrivée des hôtes : « Dans les salutations, on montre tous les signes de l'humilité à tous les hôtes qui arrivent ou qui partent » (*RB*, 53, 6). Les hôtelleries monastiques offrent encore aujourd'hui leur hospitalité. Elles hébergent et nourrissent sans jamais rien demander en retour ; les visiteurs laissent uniquement ce qu'ils veulent ou peuvent, selon leurs moyens financiers. Et nous, recevons-nous parfois des amis âgés pour souper ? Donnons-nous l'hospitalité à nos voisins vieillissants ? En tant que directeur d'un organisme pour personnes âgées, comment accueillons-nous les membres du conseil d'administration ? Nous devons, comme société, réapprendre à faire preuve d'hospitalité à l'égard des personnes âgées. Elles méritent notre respect. N'ont-elles pas fait la société dans laquelle nous vivons ?

LE SILENCE. – Les moines bénédictins ont fait du silence une voie vers la contemplation et le bonheur spirituel. Cette restriction volontaire de la parole évite beaucoup de bourdes sociales et de fautes spirituelles. Le silence est nécessaire à la prière continuelle et surtout à l'humilité (*RB*, 6, 1; 7, 56). Mais pourquoi garder le silence? Pour être capable d'être à l'écoute de soi et des autres. Le silence relie les personnes âgées à elles-mêmes et à la dimension spirituelle de leur être. Elles ont besoin de silence pour mieux vivre. Nos résidences pour personnes âgées leur permettent-elles de vivre des moments de silence?

LA PRIÈRE. – La prière a assurément la place éminente dans la spiritualité bénédictine (*RB*, 19, 6-7). Il n'y a aucune incompatibilité entre loisir et prière. La vie monastique est par définition une vie contemplative. Les personnes âgées cherchent à retrouver et à intégrer ce loisir spirituel dans leur vie au moment de la retraite. Cela leur permet de mieux vivre la solitude, la maladie, le vieillissement et de réfléchir sur le sens de la mort.

L'HUMILITÉ. – Saint Benoît accorde une grande place à l'humilité. Il estime que c'est un élément essentiel de la vie monastique (*RB*, 7). Pour les personnes âgées, l'humilité est trop souvent synonyme d'abaissement, alors que la véritable humilité fait appel non seulement au dépassement de soi, mais également à l'acceptation de soi, des autres et des situations. Comment cela peut-il se traduire dans les loisirs? Les aînés doivent continuer à rendre des services à la société non pour se faire du capital social, mais pour transmettre leur savoir. Elles peuvent partager bénévolement et humblement leurs riches expériences personnelles et professionnelles avec des personnes ou des organismes communautaires.

LE DÉTACHEMENT. – Il est très difficile de lâcher prise. Selon la *Règle*, la croissance sur le plan humain et spirituel exige l'abandon de notre ego (*RB*, 4, 10). La pratique spirituelle du détachement est précieuse. Elle dispose à la contemplation. Le vrai loisir n'est jamais axé sur la productivité. Apprendre à ne rien faire de précis en ayant le sentiment de vivre pleinement l'instant présent est un réel plaisir que peu de gens connaissent.

LA SACRALISATION. – Les Bénédictins considèrent que tout leur est prêté et que tout concourt à leur bien-être spirituel, le sacré comme le profane. Le responsable de l'aspect matériel du monastère fait l'objet d'une directive très claire : « Tous les objets du monastère et tous ses biens, il les regarde comme les vases sacrés de l'autel » (*RB*, 31, 10). Un frère aura la charge d'en faire la liste et de s'en occuper (*RB*, 32). Comme personnes âgées, prenons-nous vraiment soin de notre planète ? Accomplissons-nous des actions concrètes pour protéger la terre, l'eau et les forêts ? Les personnes âgées ont comme mission de transmettre aux plus jeunes l'art de la sacralisation des choses.

Conclusion

Pour les personnes âgées, le bonheur est une illusion quand elles s'adonnent régulièrement à des activités récréatives vides de sens, sans significations personnelles, dénuées de toute forme de spiritualité, éloignées de leurs besoins de transcendance et de contemplation. Le bonheur est une réalisation quand les activités récréatives contribuent à purifier le corps et l'âme, qu'elles visent à développer leurs valeurs, qu'elles favorisent une attitude contemplative caractérisée par la réceptivité et le détachement. Pour la majorité des aînés, le vrai loisir contemplatif est non productif et met l'accent sur la non-compétitivité. C'est vivre au maximum l'instant présent et s'émerveiller devant la vie. C'est être ouvert à l'autre, quel que soit son âge, dans un esprit de fraternité. C'est méditer des textes de spiritualité. Bref, c'est observer les préceptes du saint loisir en s'appliquant à favoriser le repos, la détente, la célébration et la contemplation.

CHAPITRE VIII

Le bonheur sexuel :
l'art de rencontrer l'autre comme personne

Patrick Snyder[1]
Martine Pelletier[2]

N'oublions jamais que notre conception de la sexualité s'inscrit dans un long processus historique. L'histoire nous rappelle que nos arrière-grands-parents connaissaient peu le bonheur sexuel. Plusieurs générations ont vécu dans la crainte du péché de la chair. Qu'en est-il de nous? La révolution sexuelle des années 1960-1970 nous a-t-elle apporté le bonheur sexuel? L'autre est-il devenu un objet à consommer? Sommes-nous des obsédés de la performance? Avons-nous honte de notre corps? Que sont devenus le désir respectueux, la caresse aimante et la tendresse partagée? Nous sommes plus que des corps, nous sommes des

---

1. Patrick Snyder est professeur agrégé au Département d'études religieuses de l'Université de Sherbrooke. Il est cotitulaire du cours Sexualité et spiritualité dans le même Département.

2. Martine Pelletier est professeure agrégée au Département d'études religieuses de l'Université de Sherbrooke. Elle est cotitulaire du cours Sexualité et spiritualité au même Département.

personnes sexuées. Le bonheur sexuel, c'est surtout l'art de rencontrer une autre personne.

Le fruit défendu dans l'Antiquité grecque[3]

La plupart des gens associent l'idée de la méfiance du corps et de ses plaisirs directement et uniquement à l'influence du christianisme et particulièrement de la religion catholique. Cette lecture est biaisée. La principale source occidentale dont nous avons hérité est constituée par l'Antiquité grecque. À l'époque de la Grèce antique, la méfiance du plaisir sexuel découlait surtout de la conception des effets «médicaux» de la pratique sexuelle. L'énergie investie et perdue dans cet acte intime était vue comme un risque pour la santé en général. Pythagore (VIᵉ siècle av. J.-C.) considérait l'acte sexuel comme fondamentalement mauvais pour la santé. Selon lui, il affaiblissait l'homme. L'homme plutôt que la femme, en raison de la perte de semence. Grande préoccupation de l'époque. On se méfie de cette perte, car on craint qu'elle n'affaiblisse l'essence masculine dans son énergie vitale. L'obsession de la perte inutile de la «sève virile» était jointe à la volonté de perpétuer la lignée par des enfants légitimes. Dans le «mariage», le plaisir était très mal vu. Mariage, amour, plaisir étaient trois choses à ne pas confondre. Dans *Du mariage*, Sénèque est l'un des premiers à couvrir de honte le fait d'aimer abusivement sa

3. Voir Marcel BERNOS, *Le fruit défendu: les chrétiens et la sexualité de l'Antiquité à nos jours*, Paris, Centurion, 1985, 320 p.; Alexandre MAUPERTUIS, *Le sexe et le plaisir avant le christianisme: l'érotisme sacré*, Paris, CELT, 1977, 253 p.

propre femme. Il fait appel à la maîtrise de soi dans l'acte conjugal. Pour les Grecs, le plaisir est suspect et, s'il est éprouvé, il doit l'être pour un bon motif. Celui qui est lié à la reproduction est le seul digne de mention. Bref, la rigueur et le contrôle sexuel ne sont donc pas des inventions des chrétiens, elles faisaient déjà partie de la culture antique.

Le fruit défendu au Moyen Âge[4]

Les clercs du Moyen Âge ont tenté d'imposer leur doctrine sexuelle rigoriste par un encadrement et un contrôle autoritaire de la vaste majorité de la population. Ils ont élaboré un vocabulaire, des définitions précises des actes illicites et licites et classé les péchés en catégories. Les sermons, les prêches du dimanche, les pénitentiels, les fêtes sacrées, les temps de confession, chaque moment de la vie quotidienne devenait une occasion pour rappeler les interdits sexuels. Ce contrôle était associé à l'idée de pureté. L'établissement d'un lien entre la chair et le péché a été indéniablement une invention du christianisme. Les théologiens médiévaux citeront abondamment hors contexte des textes bibliques et des Pères de l'Église pour déterminer la gravité de

4. Voir COLLECTIF, *Amour et sexualité en Occident*, Paris, Seuil, 1991, 335 p.; Denis de ROUGEMONT, *L'amour et l'Occident*, Paris, Plon, 1939, 356 p.; Jean-Louis FLANDRIN, *Le sexe et l'Occident. Évolution des attitudes et des comportements*, Paris, Seuil, 1981, 380 p.; Jean-Louis FLANDRIN, *Un temps pour embrasser. Aux origines de la morale sexuelle occidentale (VIᵉ-XIᵉ siècles)*, Paris, Seuil, 1983, 249 p.; Jacques LE GOFF, «Le refus du plaisir», *L'Histoire*, nº 63, janvier 1984, p. 52-59.

l'inéluctable péché de chair. Ils parlent non pas d'un seul péché de chair, mais d'une diversité de péchés. La réprobation sexuelle se cristallise autour de trois thématiques : la fornication, c'est-à-dire l'union sexuelle illicite comme la masturbation, l'éjaculation involontaire, etc. ; la concupiscence, un acte sexuel sans procréation ; et enfin la luxure, c'est-à-dire tous les péchés de chair. Les théologiens médiévaux feront du péché originel une souillure transmise d'une génération à l'autre par l'acte sexuel. La sexualité ne peut pas procurer le bonheur au couple, car elle est liée au péché originel. L'Église du Moyen Âge élaborera des critères pour évaluer la valeur spirituelle des personnes à partir de leur lien avec le péché de chair. Les purs seront évidemment les femmes et les hommes vierges, qui regroupent aussi les continents comme les veufs et les veuves. Les impurs sont les époux incapables d'abstinence. Avec une telle conception de la sexualité, il devient aisé de comprendre l'importance accordée à la virginité. Celle-ci est non seulement un frein à la transmission du péché originel, mais le lieu par excellence de la pureté. Évidemment, au XXIe siècle, le rapport à la sexualité a beaucoup changé.

Le corps et la sexualité dans la société des images[5]

Nous sommes à l'ère du corps-plaisir et plaisant. Le corps qui recherche uniquement les sensations agréables. Le corps, en

5. Voir : Bernard ANDRIEU, *La nouvelle philosophie du corps*, Ramonville Saint Agne, Erès Éditions, 2002, 240 p. ; Brigitte BÉDARD, « Le corps. La norme du culte a remplacé la norme du mépris, mais la norme est toujours là », Montréal, *Présence magazine*, vol. 8, n° 59, juin-juillet 1999, p. 16-25 ; Alain

principe beau, doit en plus rester jeune. La procréation n'est plus la finalité obligée de l'acte sexuel. Celui-ci se caractérise plutôt par la rencontre entre deux êtres. La finalité peut varier selon les individus. Certains y cherchent la performance, et d'autres l'épanouissement. Certains accumulent les conquêtes, d'autres souhaitent approfondir une relation de couple. Certains dissocient amour et sexualité, d'autres osent croire que l'un ne va pas sans l'autre. Cependant, c'est un fait indéniable : la réalité corporelle est incontournable lorsqu'il s'agit de traiter de la sexualité humaine. Le corps reste le lieu où s'expriment la sexualité ainsi que le rapport à l'autre.

La révolution sexuelle de mai 1968 nous promettait la libération du corps et de la sexualité. Y sommes-nous parvenus ? Cette fameuse quête de la libération du corps et de la sexualité a-t-elle atteint son objectif ? Héritiers de la révolution sexuelle, où en sommes-nous ? Sommes-nous beaucoup plus heureux sexuellement que nos ancêtres ? Pour le journaliste Jean-Claude Guillebaud, « libérer le désir, rejeter l'ordre ancien et sa morale, congédier les interdits, jouir sans entraves et sans loi : oui, l'utopie était belle. L'erreur fut de croire qu'elle était sans conséquences[6]. » La libération sexuelle a eu des effets qu'on n'avait pas prévus. La sexualité humaine est de plus en plus réduite à la simple

---

CORBIN, Jean-Jacques COURTINE et Georges VIGARELLO, *Histoire du corps*, t. 3 : *Les mutations du regard. Le XXe siècle*, Paris, Seuil, 2005 ; Michel DORAIS, *Les lendemains de la révolution sexuelle*, Montréal, VLB, 1990, 245 p. ; Jean-Claude GUILLEBAUD, *La tyrannie du plaisir*, Paris, Seuil, 1997, 463 p. ; Le Nouvel Observateur, *La pudeur. Une histoire de la nudité*, Belgique, 98 p.

6. Jean-Claude GUILLEBAUD, *op. cit.*, p. 73.

expression organique et orgasmique. Elle est de plus en plus déterminée par la quête de plaisirs narcissiques. Le corps est lieu et moyen d'achèvement du plaisir égoïste. Il semble être réduit à un simple produit de consommation. Dans cette ère du prêt-à-jeter, l'intense et l'éphémère sont devenus un tandem diabolique. Pour se sentir en vie, il faut éprouver, sentir le plaisir, explorer nos désirs et faire corps avec eux. Puisque le plaisir ne peut durer, qu'il exige temps et efforts pour être de nouveau éprouvé, il paraît plus simple de se remettre en quête de nouveautés en abandonnant, comme un déchet ou un produit périmé, l'expérience vécue avec la personne. Nous nous croyons ainsi riches de futilités au lieu de rechercher l'enrichissement dans nos apprentissages volontairement circonscrits.

Notre société de consommation l'a bien compris. Le corps est devenu le lieu par excellence de la personnalité, de l'identité, voire de la confusion entre les désirs et la réalisation de soi. Ce corps qui était honni à certaines époques du passé est maintenant béni et chéri. Pour Brigitte Bédard, «la norme du culte a remplacé la norme du mépris[7]». Nous connaissons trop bien les effets pervers d'un monde qui réduit la personne à son désir de consommer. Le monde des médias, créateur d'images, exerce une pression sur les individus. Il érotise à outrance l'espace social dans lequel le corps hypersexualisé devient le vecteur de la vie collective. Tout semble être un devoir de plaisir; comme si «y résister serait une erreur, un contresens, un manquement au progrès autant qu'à la règle commune. Ce qu'institue [désormais]

---

7. Brigitte BÉDARD, *op. cit.*, p. 16-25.

la publicité, c'est le *devoir* de plaisir[8]. » Sensuel, charnel, gracieux, musclé, souple, élancé : ces caractéristiques du corps présenté en images sont devenues la mesure de la perfection recherchée. Les images publicitaires, les magazines, etc., se mettent de la partie pour attiser le désir de changer l'image de nos propres corps, au risque de faire naître en nous le ressentiment à son égard. Ce sentiment pervers entraîne une sorte de désenchantement qui pousse à vouloir parfaire le corps et surtout à ne pas se contenter de ce qu'il est. Ce jeu des images finit par influer sur notre façon de voir notre corps et notre sexualité.

> Nos sociétés, si agressivement érotisées, sont en réalité tenaillées par la hantise du non-désir, qui nourrit l'érotisation et ainsi de suite, […]. Elles sollicitent en permanence le désir pour éviter qu'il ne capitule. Ces sociétés prétendent avoir libéré le sexe, mais elles ne parlent que de « ça » : or, si tout est permis, pourquoi continuer d'en faire tout un plat ? L'univers de la sexualité visuelle, auditive, média-tique dans lequel nous baignons dissimule en fait une misère sexuelle plus importante qu'on ne l'imagine […]. Notre discours sur le sexe s'enivre de lui-même, mais c'est un discours virtuel, un tourbillon de mots, d'images, qui cachent un désert[9].

La sexualité prend de plus en plus de place dans cet espace public qui réduit la personne à son corps, la prive de ses valeurs propres et lui fournit une manière unique de penser ou d'agir. Le corps et la personne semblent être devenus, dans la société des images, deux entités opposées. Les exhibitions de corps

8. Jean-Claude GUILLEBAUD, *op. cit.*, p. 136.

9. Jean-Claude GUILLEBAUD, « Entrevue », *L'Actualité religieuse*, n° 166, 15 mai 1999, p. 22.

auxquelles nous finissons par nous habituer à force d'en voir dans les revues, les panneaux ou annonces publicitaires, les couvertures de livres, les pochettes de CD et de DVD, etc., font tomber le fragile rempart de la pudeur. La nudité du corps est presque devenue un fait banal. L'exhibition comporte un risque important, celui de réduire le corps à un simple objet vidé de sa substance. Le corps devient un objet malléable, transformable, désirable, jetable. Comment, dans la société de l'image, donner un sens à la sexualité qui ne soit pas réduit à la dimension corporelle, mais qui fasse appel à l'intégralité et à l'intégrité des personnes ? Comment parvenir à des attitudes de maturité, c'est-à-dire capables de faire face à la réalité des corps imparfaits et vieillissants ? Qu'en est-il de la caresse, de la tendresse et du désir ?

Le désir vers l'autre ou le désir sur l'autre

La question du désir est radicale. Ses racines étymologiques annoncent déjà une distance. Du latin *sidus* («étoile»), le désir (*desidare*) est le contraire de *considerare* qui signifie «contempler l'astre présent». Le désir serait l'expression de l'absence d'un astre. Qui dit absence dit manque. Le désir est, depuis très longtemps dans l'histoire de la philosophie, considéré comme un manque. Chez Platon, dans *Le Banquet*, un texte de référence sur le sujet, c'est Socrate dans un dialogue sur l'amour qui répond à la grande question : qu'est-ce que l'amour ? Il conclut que l'amour est désir et que le désir est manque[10]. Jean-Paul Sartre, dans *L'être*

10. PLATON, *Le Banquet*, Paris, Gallimard, coll. «Folio Essais», 2002, p. 102.

et le néant, définira le désir par le fait que l'être humain est fondamentalement désir d'être et que le désir est manque. Comment désirer ce qui ne manque pas? C'est la question que se pose aujourd'hui le philosophe français André Comte-Sponville. Pour lui, toutes les formes de désirs ne sont pas des manques. Nous faisons aussi l'expérience de désirer ce qui ne manque pas. Le plaisir de manger est un bon exemple. Désirons-nous manger uniquement lorsque nous avons faim? Aimons-nous boire un bon vin et manger un bon fromage pour le pur plaisir, alors que nous sommes repus après un troisième service? La sexualité est aussi un bon exemple. Le désir sexuel n'est pas toujours un manque. « Faire l'amour, c'est désirer l'homme ou la femme qui est là, qui ne manque pas, qui se donne, dont la présence (non l'absence ou le manque) nous comble[11]. »

Le désir sexuel est un mouvement vers l'autre personne. Il peut se profiler selon deux visages opposés. Soit celui du désir *vers* l'autre ou celui du désir *sur* l'autre. Dans les deux cas, il s'agit d'un mouvement vers, mais il est toutefois question de don dans le premier et de pouvoir dans le second. Le désir vers l'autre s'accompagne du sentiment que l'autre peut nous donner accès au meilleur de soi. Le désir sur l'autre, c'est désirer maîtriser ce désir afin qu'il soit redirigé vers soi. « Un mouvement de type boomerang », comme le dit Jacques Salomé.

C'est un désir de pouvoir, d'influence, qui peut devenir terroriste et traquer les résistances, la volonté ou le non-désir de l'autre: [j'ai

---

11. André COMTE-SPONVILLE, « Désirer, c'est se convertir au monde », dans *Amour, sexe et spiritualité*, Paris, Albin Michel, 2003, p. 29.

envie qu'il ait envie d'être avec moi, de m'écouter, de recevoir ce que j'apporte, de se laisser connaître. J'ai le désir de son désir.] Ce type de désir sera le plus difficile à vivre car il peut conduire aux aberrations relationnelles du type [Tu dois m'aimer][12].

Le mystère du désir nous semble à la fois impénétrable et insupportable. Et c'est là l'enjeu de la vie à deux. Son désir propre ou celui de l'autre, où tracer la frontière ? Éviter la confusion des deux, c'est reconnaître qu'il existe une différence qui demande à être respectée. Trop souvent, l'absence ou la présence du désir sont confondues avec le sentiment amoureux. L'absence du désir est généralement interprétée comme une absence d'amour. Désirer l'autre, c'est l'aimer, et ne pas le désirer, c'est ne pas l'aimer. Une telle équation simpliste est une erreur. Nous sommes loin de l'idée de l'apprivoisement et de l'accueil de la mouvance du désir. Le désir est par nature changeant et instable. Il est présent lorsqu'il met en tension vers, il s'absente une fois rassasié ou, tout simplement, sans aucune raison. Son intensité peut varier, sa durée aussi. Mais cela ne change en rien l'amour toujours présent. Il faut faire la part des choses dans les périodes creuses du désir.

Nous savons que nous allons à contre-courant avec ce type de discours. L'affirmation selon laquelle la vie à deux et la sexualité exigent effort et investissement personnels ne sera pas bien accueillie de tous. Le bonheur sexuel demande souvent de sortir de l'urgence de jouir. Il est plus conciliable avec l'idée de prendre le temps de respecter l'autre, de sortir de la pression et de l'urgence

---

12. Jacques SALOMÉ, « Le mystère du désir », *Amour, sexe et spiritualité*, Paris, Albin Michel, 2003, p. 19.

de vivre. Voilà des réalités sans lesquelles la vie de couple et le bonheur sexuel ne peuvent survivre. Il faut apprendre à renoncer à l'absolu du désir, c'est-à-dire reconnaître qu'il est impossible de tout maîtriser, d'avoir une sexualité toujours épanouissante et en synchronie, de vivre toujours heureux en couple, etc. Approfondir son bonheur sexuel demande du temps. La caresse est un geste qui permet d'explorer l'autre et de le découvrir.

La caresse : le bonheur de découvrir l'autre

Peut-on convenir que les performances olympiennes d'une déesse et d'un dieu du sexe présentées dans les films pornos ne sont pas le bonheur sexuel? Nous avons tendance à confondre performance et sexualité. Une caresse bien sentie peut amener le bonheur sexuel dans toute sa beauté et sa simplicité. Pour la philosophe Luce Irigaray, la caresse est très importante dans la découverte de l'autre. « La caresse est éveil à toi, à moi, à nous[13]. » Évidemment, pour se toucher, les deux sujets doivent consentir à la caresse. Il n'est pas question ici d'objectivation de l'autre. Le respect de l'intégrité doit être garanti. Très peu valorisée, la caresse n'est pourtant pas banale, elle est un « geste-parole » qui fait dialoguer deux intimités. La caresse est un geste silencieux qui exprime une parole affectueuse.

> La caresse est geste-parole qui franchit l'horizon ou la distance de l'intimité avec soi. Il en va […] ainsi pour qui est caressé, touchée, qui est absorbé dans la sphère de son incarnation, mais aussi pour

13. Luce IRIGARAY, *Être deux*, Paris, Grasset et Fasquelle, 1997, p. 51.

qui caresse, pour qui touche et accepte de s'éloigner de soi pour ce
geste. La caresse est un geste-parole qui pénètre dans la sphère de
l'intimité avec soi, dans un espace-temps privilégié[14].

La caresse n'est pas le lieu de l'exploit performatif. Son bonheur est de prendre le temps. Son bonheur est de permettre à
l'autre une accalmie intérieure.

La caresse est encore invitation au repos, à la détente, à un autre
mode de percevoir, de penser, d'être : plus calme, plus contemplatif,
moins utilitaire. [...] La caresse devient geste qui rend l'autre à lui
— ou elle-même grâce à la présence d'un témoin attentif, grâce à
un(e) gardien(ne) de la subjectivité incarnée[15].

Le bonheur sexuel demande d'apprendre à donner et à recevoir des caresses. Il s'exprime et se vit dans la tendresse.

La tendresse : le bonheur d'accueillir l'autre

La tendresse est l'un des plus beaux sentiments humains. Sa seule
évocation soulève en nous une impression douce et agréable. Qui
n'a pas besoin de tendresse ? Qui peut affirmer, sans se mentir,
qu'il peut vivre sans elle ? Qui peut prétendre qu'un moment de
tendresse n'est pas épanouissant ? Qui ne rêve pas de tendresse
partagée ? Mais la tendresse n'est pas un état permanent et n'est
pas donnée d'avance. Elle représente un travail sur soi en lien avec
l'autre. Elle doit constamment être découverte ou redécouverte
dans le quotidien de la vie. Il appartient à chacun de l'intégrer

14. *Ibid.*, p. 51.
15. *Ibid.*, p. 53.

dans sa vie. Mais la tendresse, dans nos vies hyperactives et hypersexualisées, n'a pas toujours la cote. Pourtant, elle pourrait devenir un agent de changement non négligeable des manières d'être en relation avec les personnes qui nous entourent.

Jacques Salomé souligne qu'il est difficile de définir avec exactitude la tendresse. À la question : qu'est-ce que la tendresse ? chaque personne arrive à donner sa propre définition. « La tendresse ne se laisse pas enfermer dans une seule définition, elle a de multiples visages, elle se révèle par une infinitude de témoins et son approche aussi sera multiple et complexe[16]. » Malgré son importance pour l'équilibre de nos vies, il n'apparaît pas si simple d'apprivoiser la tendresse. « La tendresse est ce qui déclenche le plus de malentendus, le plus de résistances et surtout le plus de méfiance dans les relations humaines[17]. » Pourtant, elle est au cœur même de toutes les dimensions de la personne. « Je crois que la tendresse est un mouvement qui nous entraîne à suivre un chemin bordé de sensations et de sentiments où se trouvent mêlés bienveillance, acceptation, abandon mais aussi confiance, stimulation, étonnement, découverte[18]. » La tendresse n'est pas narcissique, c'est un lieu de relation avec l'autre. Pour qu'une relation soit vraie, la tendresse doit impérativement avoir pour objectif le respect de l'autre et son épanouissement. La tendresse exclut l'idée même de privation. Elle est générosité et surtout abandon. Elle est le chemin d'un lâcher prise ponctuel, face à soi,

---

16. Jacques SALOMÉ, *Apprivoiser la tendresse*, Montréal, Éditions Jouvence, 1988, p. 7.

17. *Ibid.*, p. 19.

18. *Ibid.*, p. 3.

face à l'autre, au cœur de nos vies trépidantes. La tendresse est aussi le signal que je suis une personne précieuse, reconnue et acceptée. Elle correspond à notre besoin fondamental de bonheur intérieur.

Réfléchissant plus spécifiquement sur la tendresse amoureuse, Jacques Salomé considère qu'elle peut nous permettre de dépasser l'amour de besoin pour accompagner l'amour de désir. La tendresse amoureuse représente ainsi une école de l'écoute de l'autre. Elle est un chemin que les couples peuvent emprunter pour sortir de la «possessivité», de l'«appropriation» et, il faut bien le souligner, «de la réduction de notre partenaire à nos besoins, à nos peurs et à nos limites[19]». La tendresse peut donc nous apprendre à aimer sans possession de l'autre. Elle est une forme de respect à l'égard de soi et de l'autre. Pour Salomé, il faut éviter la tendresse élitiste, c'est-à-dire attendre d'être parfait et que l'autre le soit pour manifester de la tendresse. Pour notre propre bien, il nous invite à sortir de la privation de tendresse : «C'est certainement dans le domaine de la tendresse que nous vivons le plus d'auto-privation, que nous faisons le plus de rétention, bref nous sommes trop souvent, pardonnez-moi cette expression, des "constipés de la tendresse"[20].» Difficile d'avoir une vie sexuelle heureuse si on se prive soi-même et si on prive l'autre de tendresse.

19. *Ibid.*, p. 127.
20. *Ibid.*, p. 25.

Acquérir le goût de la célébration érotique

Pour Éric Fuchs, le plus grand des enjeux éthiques actuels est de retrouver le «goût de la célébration érotique». La «célébration érotique»: c'est la communion entre deux êtres uniques; c'est l'émerveillement devant le plaisir reçu et donné; c'est saisir que l'union de deux corps est le lieu privilégié pour célébrer la beauté du monde. «Dans l'expérience de l'amour, qui est à la fois rencontre des corps et approche du mystère des personnes [...] l'homme et la femme apprennent à célébrer le monde dans la fragile parole de leur chair[21]. » Le monde prend pleinement son sens dans la rencontre de deux êtres en quête mutuelle de profondeur. «Le corps de l'aimé devient monde où se mesure la beauté du don, et le monde devient corps, fragile et palpitant, habité lui aussi de présence[22]. » L'expression «faire l'amour», c'est l'émerveillement qui naît de la rencontre de l'autre, cet autre où un monde peut se construire. «C'est à travers la rencontre du mystère de l'autre, telle femme bien précise, ou tel homme, désiré(e) parce que tel(le), et unique, que la célébration du monde est devenue communion à un don, et non, subtil enfermement dans son propre imaginaire[23]. » Célébrer le mystère de deux êtres en quête de communion avec le monde et les réalités qui les entourent, voilà la célébration érotique. Elle n'est pas que pour les jeunes amoureux fous. «La marche difficile d'un couple de

---

21. Éric Fuchs, *Le désir et la tendresse*, Genève, Labor & Fides, 1979, p. 233-234.
22. *Ibid.*, p. 235.
23. *Ibid.*, p. 241.

vieux appuyés l'un sur l'autre est aussi "érotique" que l'élan fébrile qui jette l'un vers l'autre la jeune femme et le jeune homme, vers la hâte d'une nudité où s'aiguisera leur soif[24]. » La conception de la sexualité que nous véhiculons nous rend responsables de son devenir, individuellement et collectivement. Il y a toujours un lien entre la vision que nous avons du rapport de l'humain avec le monde et les modes d'expression de nos rapports intimes. Nous sommes responsables du devenir de notre bonheur sexuel. Il faut aussi apprendre aux nouvelles générations que la sexualité et l'érotisme ne sont pas des conquêtes performatives qui s'additionnent soir après soir. Le bonheur sexuel à long terme demande patience, écoute, respect, tendresse et plaisir partagé. Voilà un art de vivre qui implique la volonté mutuelle de s'épanouir avec l'autre personne.

24. *Ibid.*, p. 243-244.

CHAPITRE IX

Bonheur et spiritualité :
l'art de vivre heureux selon le Dalaï-Lama
Patrick Snyder[1]

Le Dalaï-Lama est le chef spirituel et temporel du peuple tibétain. Il est aussi un maître spirituel bouddhiste qui inspire un large public à travers le monde. Ce Prix Nobel de la paix (5 octobre 1989), porte une parole de sagesse qui est accueillie aussi bien par les croyants que par les non-croyants. Il aborde la question du bonheur dans deux livres qui ont connu un succès exceptionnel : *L'art du bonheur* et *L'art du bonheur 2*[2] se sont vendus à plusieurs millions d'exemplaires et ont été traduits en plusieurs langues. Ils se présentent sous la forme d'entrevues dirigées par le psychiatre et neurologue américain Howard Cutler. Dans sa réflexion

---

1. L'auteur est professeur agrégé au Département d'études religieuses de l'Université de Sherbrooke.

2. Dalaï-Lama et Howard Cutler, *L'art du bonheur*, traduit de l'américain par Adrien Calmevent, Paris, Robert Laffont, coll. « Aider la vie », 1999, 303 p. ; Dalaï-Lama et Howard Cutler, *L'art du bonheur 2*, traduit de l'américain par A. Karachel, Paris, Robert Laffont, coll. « Aider la vie », 2004, 214 p.

sur le bonheur, le Dalaï-Lama a une conception de la nature humaine essentiellement bonne et compatissante. Quelle que soit votre situation de vie, la manière dont le Dalaï-Lama conçoit le bonheur peut vous aider à vous recentrer sur l'essentiel. Le bonheur n'est pas une potion magique. Son apprentissage demande un certain effort.

Le bonheur est le but de la vie

Pour le Dalaï-Lama, « le véritable but de la vie, c'est le bonheur[3] ». Nous voulons tous avoir une vie heureuse. La quête du bonheur détermine notre vie entière. « Partons donc de cette hypothèse élémentaire : le but de la vie, c'est la recherche du bonheur. Un véritable objectif vers lequel avancer sans hésiter[4]. » Évidemment, il ne suffit pas de dire : « je veux être heureux » pour le devenir. Un ensemble de facteurs déterminent notre capacité à vivre une vie heureuse. Il est essentiel de connaître ces facteurs. « [C]omprendre comment aller vers une vie plus heureuse va nous apprendre en quoi cette recherche du bonheur se révélera une source de bienfaits, tant pour l'individu que pour sa famille et la société au sens large[5]. » Il faut d'abord s'engager résolument sur le chemin du bonheur. « Prendre la décision consciente de se tourner vers le bonheur compris comme un but qui en vaut la peine, voilà qui peut profondément transformer l'existence[6]. » Ce choix impor-

---

3. Dalaï-Lama, *L'art du bonheur*, p. 25.
4. *Ibid.*, p. 29.
5. *Ibid.*, p. 29.
6. *Ibid.*, p. 68.

tant sera déterminant dans notre façon d'aborder les grandeurs et les misères de la vie. «Réfléchissons donc à ce qui possède vraiment une valeur, à ce qui donne un sens à notre vie, et ordonnons nos priorités en conséquence. Le but de la vie doit être positif[7].» Il nous faut d'abord trouver le sens que nous voulons donner à notre existence. «Je pense donc que le problème essentiel est de se demander : au fond, quelle est ma conception de l'existence[8]?» Selon le Dalaï-Lama, une existence vouée à la recherche des biens matériels sera malheureuse. Le bonheur est une question d'intériorité, de conception de la vie.

Même si le bonheur est le but de la vie, le Dalaï-Lama considère qu'il n'est pas souhaitable d'être heureux à chaque petit moment de sa vie. Il est impératif de vivre des moments difficiles. Ces moments sont salutaires. «Si quelqu'un était rendu heureux pour toujours, cela aurait pour effet de supprimer notre motivation à acquérir de nouvelles capacités, à nous développer davantage et à avancer. Cela détruirait toute initiative[9].» Voilà qui recentre notre approche du bonheur. Je dois choisir d'être heureux tout en acceptant que la vie m'apporte des chagrins et des déceptions. Je dois choisir d'être heureux même si la route sera semée d'embûches.

De nombreuses personnes considèrent que c'est faire preuve d'égocentrisme que de fonder sa vie sur la quête du bonheur. Le Dalaï-Lama apporte un nouvel éclairage. Selon lui, les gens

---

7. *Ibid.*, p. 69.
8. DALAÏ-LAMA, *L'art du bonheur 2*, p. 68.
9. *Ibid.*, p. 103.

malheureux ont tendance à se replier sur eux-mêmes. Ils sont portés à broyer du noir. Les gens heureux sont plus sociables. Ils sont plus ouverts aux autres. «Ils se trouvent donc à être plus aimants et plus indulgents que ne le sont les gens malheureux[10].» Choisir le bonheur est positif pour soi et les autres. Devenir heureux n'est pas simple, il faut longuement exercer son esprit.

L'exercice de l'esprit

Nous ne sommes pas tous des maîtres spirituels. Nos vies sont occupées par un travail stressant et la quête de biens matériels. Les Occidentaux que nous sommes sont-ils vraiment capables d'être heureux? Le Dalaï-Lama répond oui sans hésiter. Toutefois, cela exigera de nous que nous changions notre perception de la vie. «Je crois que l'on peut atteindre le bonheur par l'exercice de l'esprit[11].» Voilà un travail de longue haleine. Changer notre regard sur la vie prend du temps et de la patience. «En s'imposant une certaine discipline intérieure, on peut transformer son attitude, ses conceptions et sa manière d'être dans l'existence[12].» Selon le Dalaï-Lama, «c'est l'état d'esprit, plus que les événements extérieurs, qui détermine le bonheur[13]». Notre capacité à vivre heureux est fonction de notre aptitude à gérer les circonstances extérieures. «En fait, la sensation d'être heureux ou malheureux dépend rarement de notre état dans l'absolu, mais

---

10. DALAÏ-LAMA, *L'art du bonheur*, p. 28.
11. *Ibid.*, p. 25.
12. *Ibid.*, p. 26.
13. *Ibid.*, p. 31.

de notre perception de la situation, de notre capacité à nous satisfaire de ce que nous avons[14]. » La tendance à se comparer avec les autres influence fortement notre bonheur. Nous avons la mauvaise habitude de nous comparer avec ceux qui sont plus riches que nous. Cela engendre inévitablement des frustrations. Nous vivons frustrés dans un monde d'opulence. Le Dalaï-Lama nous propose un exercice simple pour renverser la situation : « À charge pour nous de retourner ce principe positivement, en nous comparant à ceux qui sont moins chanceux et en songeant à tout ce que nous avons[15]. » Voilà qui semble simple et même un peu naïf, car combien d'entre nous arrivent vraiment à adopter cette attitude ? À l'évidence, la santé, le confort matériel, les amis sont sources de bonheur. Nous sommes toutefois nombreux à posséder tout cela et à être tout de même malheureux. Nous voulons toujours plus. Nous sommes à la poursuite d'un bonheur illusoire.

> Évidemment, ces bienfaits sont agréables, mais faute d'adopter l'attitude juste, de porter attention au facteur mental, tout cela n'aura que très peu d'impact sur le bonheur à long terme. [...] Aussi la richesse seule ne garantit-elle ni la joie ni la plénitude. On peut en dire autant des amis[16].

Selon le Dalaï-Lama, une vie heureuse passe inévitablement par la sérénité et la paix de l'esprit. Cela ne veut pas dire que je me ferme aux autres et que je deviens indifférent à leur sort. Une vie heureuse requiert de nous que nous nous centrions sur l'essentiel, sur ce qui importe vraiment pour nous.

14. *Ibid.*, p. 32-33.
15. *Ibid.*, p. 33-34.
16. *Ibid.*, p. 35.

Tant que l'on manque de cette discipline intérieure qui procure la paix de l'esprit, peu importent les facilités matérielles ou la situation extérieure. Elles ne vous offriront jamais la joie. En revanche, si le confort matériel, qu'en temps normal vous jugez nécessaire au bonheur, vous fait défaut, mais que vous possédiez en vous-même cette paix, ce degré de stabilité, rien ne vous empêchera de vivre une existence pleinement heureuse[17].

Il faut se l'avouer, notre paix est souvent troublée par des choses superficielles. Nous sommes continuellement bombardés par la publicité. Nous cherchons le moyen d'acquérir des biens qui nous font envie. Nous sommes continuellement sollicités. La difficulté, c'est que nous ne faisons pas de différence entre les désirs positifs et les désirs négatifs. Les désirs positifs doivent nous rendre plus heureux. Le désir de bonheur, de paix, d'un monde plus harmonieux. Le désir de nourrir sa famille, de lui procurer un toit. Ces désirs sont salutaires. Le problème des désirs, c'est qu'ils peuvent devenir déraisonnables. Les désirs excessifs entravent notre esprit. Le défi majeur, pour un Occidental, c'est de comprendre à quel moment ses désirs deviennent source d'angoisse et nuisent à son bonheur. Pour cela, il faut savoir ce qui rend réellement heureux.

Le bonheur est un apprentissage

Le bonheur suppose un apprentissage continuel. La méthode du Dalaï-Lama est simple. Il faut prendre conscience «[...] de ce qui nous mène véritablement au bonheur, et de ce qui nous en

17. *Ibid.*, p. 36.

éloigne[18] ». Cet exercice est particulièrement pertinent dans les moments difficiles. « Plus on sait, par l'éducation et la connaissance, ce qui mène au bien-être et ce qui est cause de souffrance, plus on sera capable d'atteindre le bonheur. C'est pourquoi j'accorde à l'éducation et à la connaissance une place capitale[19]. » Quand tout dérape, il faut prendre du recul et s'accorder du temps pour réfléchir. Il faut centrer sa réflexion sur l'essentiel, c'est-à-dire sur ce qui va apporter le bonheur. « Ensuite, on reformulera ses priorités sur cette base. Cette démarche peut remettre l'existence sur ses rails, apporter un point de vue neuf, et indiquer quelle direction adopter[20]. » L'apprentissage des émotions, des comportements et des choix de vie qui me rendent heureux ou malheureux est essentiel pour cheminer vers le bonheur. Le Dalaï-Lama conseille de passer en revue nos choix à partir d'un seul critère : « […] mènent-ils ou non au bonheur[21] ? » Cultiver des états mentaux positifs demande beaucoup d'effort. Changer notre manière de penser n'est pas facile et demande du temps. Il faut surtout éviter de tomber dans le piège de la facilité.

> C'est pourquoi il faut renoncer à l'idée d'une clé unique, d'un secret, sur lesquels il suffirait de mettre la main pour que tout aille mieux. […] Pour surmonter des états mentaux négatifs et complexes, il faut accomplir toute une série de démarches et recourir à toutes sortes de méthodes. Il ne suffit pas de réfléchir à une ou deux notions ou de pratiquer une technique donnée. Changer prend du temps[22].

18. *Ibid.*, p. 67-68.
19. *Ibid.*, p. 57.
20. *Ibid.*, p. 67-68.
21. *Ibid.*, p. 47.
22. *Ibid.*, p. 49-50.

Nos librairies regorgent de livres qui proposent des chemins de bonheur fondés sur quelques formules simples et rapides. Peut-être en avez-vous déjà lu quelques-uns. Le Dalaï-Lama est d'avis que «les changements positifs dépendent pour beaucoup d'une question de durée[23]». Il importe aussi de renouveler sa motivation. Chaque journée devient une école d'apprentissage du bonheur. «L'apprentissage est la première étape permettant d'introduire des changements positifs. Puis, d'autres facteurs interviennent: la conviction, la détermination, l'action, et l'effort[24].» Sans efforts constants, il est difficile d'apprendre à être heureux.

Une discipline éthique déterminée par la compassion

Pour le Dalaï-Lama, le bonheur repose aussi sur une discipline que je m'impose à moi-même. Le bonheur réside dans l'accomplissement de bonnes actions. Le bonheur ne peut être une quête narcissique. Pour être vraiment heureux, je dois tendre la main aux autres.

> Le respect d'une éthique du comportement, telle est l'autre facette de cette discipline susceptible de conduire à une existence plus heureuse. Appelons cela une discipline éthique. Les grands maîtres spirituels, comme Bouddha, nous conseillent d'accomplir de saines actions et d'éviter les actions malsaines[25].

23. *Ibid.*, p. 50.
24. *Ibid.*, p. 205.
25. *Ibid.*, p. 53.

Le bonheur demande d'être attentif aux autres, de les aimer et d'être capable de compassion à leur égard. Le Dalaï-Lama est persuadé que nous avons tous ce potentiel, que nous sommes tous capables de compassion : « C'est pour moi une conviction : non seulement nous possédons ce potentiel de compassion tout au fond de nous, mais je tiens la gentillesse pour la nature première, ou essentielle, de l'être humain[26]. » Que nous soyons croyants ou non, la compassion est indispensable à notre vie de tous les jours. Elle est nécessaire pour vivre une vie heureuse. « C'est pourquoi nous pouvons en déduire que la bonté est le fondement de la nature humaine. C'est ce qui confère toute sa valeur à une existence plus en accord avec la nature de notre être, à savoir sa bonté élémentaire[27]. » Selon le Dalaï-Lama, la nature humaine est essentiellement bonne. Accepter notre bonté est pour lui une voie privilégiée pour atteindre le bonheur. L'éthique que nous nous serons donnée nous aidera à développer notre capacité d'allier la bonté du cœur à la connaissance approfondie des diverses situations de la vie de façon à exercer une action positive sur le monde. Cela nous aidera aussi à gérer nos conflits intérieurs.

[Q]uels que soient le degré de violence et les épreuves qu'il faut traverser, je crois que la solution ultime à tous nos conflits, tant intérieurs qu'extérieurs, réside dans le retour à notre nature fondamentale, à notre bonté et à notre compassion enfouies[28].

26. *Ibid.*, p. 58.
27. *Ibid.*, p. 59.
28. *Ibid.*, p. 61.

Voir les autres comme des êtres foncièrement bons et capables de compassion change notre regard sur les êtres humains. Cela nous permet d'aller vers les autres en toute confiance et de vivre plus sereinement. « En un mot, cela nous rend plus heureux[29]. » Le Dalaï-Lama considère que la compassion est l'élément essentiel de notre quête du bonheur. La compassion repose sur l'acceptation de mon désir et du désir de l'autre d'être heureux. Une éthique du comportement axée sur la compassion met au premier plan l'acceptation de l'aspiration légitime de l'autre au bonheur.

> [T]ous les êtres humains caressent le désir d'être heureux et de surmonter leurs souffrances, tout comme moi-même. Et, tout comme moi-même, ils ont naturellement le droit de réaliser cette aspiration fondamentale. Une fois reconnue cette communauté d'aspiration, il se déploie un sentiment d'affinité et de proximité avec l'autre, qu'il soit perçu comme un ami ou comme un ennemi. Cette compassion repose davantage sur les droits fondamentaux de l'autre que sur notre propre projection mentale[30].

Pratiquer la compassion, c'est reconnaître que je ne veux pas souffrir et que j'ai droit au bonheur. Toutefois, cette reconnaissance est intimement liée à la conviction que les autres ne veulent pas souffrir et qu'ils ont droit au bonheur. « Ces choses ne sont pas importantes parce que des textes religieux le disent, mais parce que notre bonheur même en dépend[31]. » Le Dalaï-Lama soutient que, sans compassion, la quête du bonheur tant individuelle que collective ne peut qu'échouer.

29. *Ibid.*, p. 67, 75 et 113.
30. *Ibid.*, p. 114.
31. DALAÏ-LAMA, *L'art du bonheur 2*, p. 47-48.

Une spiritualité concrète

Dans ses réflexions sur le bonheur, le Dalaï-Lama ne cherche jamais à convertir les Occidentaux au bouddhisme. Ce maître spirituel reconnaît la richesse des différentes quêtes spirituelles. Il considère que chaque personne doit trouver le cheminement spirituel qui lui convient. « Je crois que chaque individu devrait veiller à s'engager dans le cheminement spirituel le mieux adapté à ses dispositions mentales, à ses inclinations naturelles, à son tempérament, à ses convictions, à sa famille, et à son milieu culturel[32]. » Le Dalaï-Lama ne défend pas une doctrine plutôt qu'une autre. Ainsi peut-il prôner le respect inconditionnel de toutes les quêtes spirituelles. Chaque spiritualité est susceptible de fournir un cadre éthique permettant d'acquérir des comportements positifs. Les pratiques spirituelles ont en commun de développer le bien-être individuel et collectif. Elles sont en soi des quêtes de bonheur. Toutefois, selon le Dalaï-Lama, il existe un niveau de spiritualité qui transcende nos convictions spirituelles personnelles. Ce niveau implique les croyants et les non-croyants. Il est déterminé par les valeurs humaines de base.

> C'est ce que j'appellerais la spiritualité élémentaire : il s'agit des qualités humaines de base, la bonté, la gentillesse, la compassion, le souci des autres. Que l'on soit croyant ou non-croyant, cette sorte de spiritualité est essentielle[33].

32. Dalaï-Lama, *L'art du bonheur*, p. 274.
33. *Ibid.*, p. 285.

Il considère la spiritualité élémentaire comme plus importante que notre appartenance religieuse ou spirituelle. Ce niveau de spiritualité détermine notre capacité individuelle et collective à vivre heureux. C'est à ce niveau que l'ensemble de la communauté humaine peut réellement dialoguer.

> Il n'en reste pas moins qu'en tant qu'êtres humains, en tant que membres de la famille humaine, nous avons tous besoin de ces valeurs spirituelles élémentaires. Sans elles, l'existence humaine est rude, très desséchée, on ne peut être heureux, notre famille souffre, et au bout du compte c'est la société tout entière qui n'en sera que plus perturbée. Il est donc crucial de cultiver ces valeurs spirituelles de base[34].

Selon le Dalaï-Lama, la vraie spiritualité se traduit d'abord par des actions concrètes. Elle est une quête de bien-être pour soi et les autres. Quelles que soient nos convictions religieuses, nous avons tous besoin d'être aimés et d'être heureux. Voilà à quoi doit servir la spiritualité. En conclusion, je vous propose ma petite synthèse personnelle. Selon le Dalaï-Lama, le bonheur est-il une illusion ou un lieu de réalisation?

Conclusion

Pour le Dalaï-Lama, le bonheur est une illusion quand je pense que ma recherche du bonheur est nécessairement égocentrique et que je centre ma vie sur des désirs négatifs. Le bonheur est une voie de réalisation quand je comprends que je peux l'atteindre

34. *Ibid.*, p. 286.

moyennant des efforts quotidiens, quand je comprends la valeur de ma propre personne, quand j'accepte de devoir constamment reconsidérer ma façon de voir la vie, le bonheur, ma relation à moi-même et aux autres, etc., quand je m'impose volontairement une discipline, quand j'opte résolument pour le bonheur!

CHAPITRE X

Le bonheur appliqué : rencontre avec deux artistes

Mise en contexte

Si le bonheur est un art de vivre, nul n'est mieux placé pour nous en parler, nous disions-nous, qu'un artiste. Être un artiste, c'est déjà vivre autrement la vie. C'est être habité par un désir d'expression, par quelque chose qui cherche à sortir de soi et à se dire. Peut-être préjugions-nous d'un indice de bonheur plus élevé chez les personnes douées et dotées d'un talent artistique. Toutefois, être artiste c'est aussi avoir une immense sensibilité, c'est être « les antennes de la race », a dit Marshall McLuhan[1] à leur propos. Alors, si les artistes sont des capteurs/émetteurs des ondes ambiantes, ils contribuent à traduire sous toutes sortes de formes et de médiums les ambitions et les valeurs d'une société. Il y a fort à parier que leur bonheur ne se manifeste pas tant après l'achèvement de l'œuvre, bien qu'il procure une satisfaction, que

---

1. Vous ferez plus ample connaissance avec ce penseur dans le chapitre intitulé « Le bonheur à l'ère de la médianomie ».

dans le processus même de la création. L'artiste, par son acte de création, traduit sa quête de sens qui se confond avec sa quête personnelle du bonheur.

Nous avons donc fait appel à deux artistes québécois pour nous livrer quelques impressions et idées concernant cette grande question, en lien avec leur propre expérience. Paule Baillargeon, cinéaste, et Yves Laferrière, musicien, deux passionnés de leur art, ont accepté de se prêter au jeu. Voici leurs textes, composés d'après les transcriptions des entrevues qu'ils ont bien voulu nous accorder.

Bonheur de cinéma (Paule Baillargeon[2])

Liberté

Dès ma tendre enfance, j'ai été habitée par un désir intense de liberté. La liberté, c'était ça le bonheur. La liberté, c'était ce qu'il y avait de plus important dans la vie, même avant l'amour. Je ne sais pas si on naît comme ça, mais c'était là, en moi.

Je suis née en Abitibi. Dans la maison de mes parents, le bonheur semblait interdit. Ma mère était malheureuse, pleine de désirs

2. Paule Baillargeon est une cinéaste québécoise née en Abitibi. Elle a joué plus de 35 rôles au cinéma et à la télévision, sans compter les nombreux personnages qu'elle a incarnés au théâtre. Elle participe à la fondation du Grand Cirque ordinaire dans les années 1970. En 1975, elle réalise son premier court métrage *Anastasie, oh! ma chérie* et en 1980, elle coréalise *La cuisine rouge* avec Frédérique Collin. Elle scénarise, entre autres, le film *Sonia* qui reçoit huit prix. Le film *Le sexe des étoiles* lui vaut le prix du meilleur film canadien au Festival des films du monde en 1993.

refoulés, de talents qui ne pouvaient pas s'exprimer parce qu'elle n'en avait pas elle-même conscience. Son malheur et sa tristesse se répandaient partout dans la maison, ils imprégnaient les murs et les plafonds, tous nous baignions dans cette tristesse comme dans un placenta de mort.

Derrière chez nous, c'était la forêt. Dès que je le pouvais, je m'échappais dans le bois. Ce bois m'attirait en même temps qu'il me terrifiait. Je n'étais qu'une enfant, et les dangers de la forêt, la possibilité de rencontrer un ours, ou un homme méchant caché derrière un arbre, ou de mettre le pied sur une couleuvre rampante, tout cela me faisait terriblement peur, mais mon désir de m'échapper de la maison familiale était plus fort que tout.

Voir

Avoir peur me faisait ouvrir grand les yeux. J'avais littéralement les yeux tout le tour de la tête. C'est là, je crois, dans cette attention au danger, que j'ai été transpercée par la beauté du monde et que je suis devenue cinéaste, avant même de savoir que ce mot existait. Oui, le monde de la forêt était épeurant, mais cela valait la peine de prendre son courage, car derrière cet écran de peur il y avait la splendeur de la vie, la nature merveilleuse, le monde! Doucement, je suis devenue très sensible à la lumière et à tous ses jeux. Le tremblement du soleil dans les feuilles, l'ombre mystérieuse qui avance sans bruit comme un bandit, le petit ruisseau qui roucoule sur les roches, et le ciel sur la tête comme le toit heureux d'une vaste maison, changeant de couleur à tout moment, avec ses nuages le traversant à toute vitesse comme de grands animaux inventés.

L'été quand nous étions au chalet, alors que tout le monde était déjà couché, je prenais mon oreiller avec une couverture, et je descendais au bord de l'eau dormir seule sur les grandes roches plates, pour remonter à l'aube, ni vue ni connue. Être heureux, c'est être libre d'aller dans le monde sans peur.

Être artiste

Être artiste ne garantit pas le bonheur et ne met pas à l'abri des embûches.

Devenir artiste est un appel. Il faut suivre son chemin.

Mon plus grand bonheur fut celui d'avoir mis au monde ma fille. L'expérience d'être mère m'a procuré un bonheur dont je ne me savais pas capable. La maternité est à la fois le bonheur et le malheur des femmes. Les grandes féministes en parlent comme d'un piège. La maternité peut être tellement comblante que certaines femmes ne cherchent plus à s'accomplir autrement.

On dira que ce type de bonheur n'a rien à voir avec le monde des arts. Ce serait oublier que la création artistique est calquée sur l'acte de la procréation. Les artistes ne disent-ils pas qu'ils accouchent, qu'ils mettent au monde une œuvre, ne parlent-ils pas de la gestation, des douleurs de la création, tous des mots directement associés à la maternité physique? Alors les femmes qui ont la capacité de vivre la création dans leur chair, elles qui mettent le monde au monde, peuvent tomber dans une paresse pour les autres choses de la vie, elles s'oublient, et un jour elles se retrouvent seules et abandonnées des autres parce qu'elles se sont abandonnées elles-mêmes. Il n'y a pas de bonheur sans dignité.

Être invisible

« La réalité est un crime parfait », écrit Jean Baudrillard. *L'art est une entreprise quotidienne de transformation du réel, car le réel est banal, ennuyant, mortel. Comme artiste, je veux sa transformation.*

J'aime donner à voir l'invisible. L'invisibilité des femmes m'intéresse beaucoup. Ces dernières années, les photos, reportages et films documentaires sur les femmes dissimulées sous leurs vêtements ont rendu l'invisibilité de la femme visible. Jamais la femme invisible n'aura été si populaire. Je trouve ça fascinant. Le cinéma est fait pour ça, montrer avec une caméra ce qu'on ne peut pas voir autrement. J'essaie d'aller au-delà du visible disponible. Je veux être comme un laser, comprendre au-delà des apparences.

Il y a un bon exemple de cette idée dans mon deuxième film, La cuisine rouge[3]. *Il y a une scène où les hommes reviennent à la cuisine où se trouvent les femmes, mais elles ne jouent plus le rôle que les hommes sont habitués de leur voir jouer, elles sont dans une autre sphère. Alors, pour eux, elles sont invisibles et ils les cherchent. Le spectateur les voit pourtant. Une réflexion s'enclenche: les femmes sont là mais les hommes ne les voient pas, c'est donc qu'elles sont devenues invisibles pour eux. Les femmes sont invisibles lorsqu'elles ne correspondent plus aux regards que les hommes portent sur elles, etc. Vous voyez? J'aime être dans ce jeu cinématographique, donner à voir l'invisible.*

---

3. *La cuisine rouge* (1980), film réalisé par Paule Baillargeon et Frédérique Collin.

Moi-même je peux dire que, à cause de la vision singulière que j'ai et que j'exprime du monde, je suis une artiste invisible. Le cinéma, c'est l'art de l'impossible, et c'est pour ça que j'y suis. L'impossible m'attire.

Les bonheurs simples du cinéma

Pendant l'écriture d'un scénario de film, je me sens très seule, et pour me donner du courage je pense au moment où je serai avec mon équipe sur le plateau de tournage. Tous les gens qui font du cinéma parlent du sentiment de faire partie d'une famille pendant la longue période de préparation et surtout pendant le tournage lui-même. Être avec vingt, trente ou quarante personnes qui travaillent toutes dans un même but peut procurer un grand bonheur.

Rien de plus beau qu'une équipe agglutinée autour d'une caméra, retenant son souffle pendant que les acteurs jouent leur scène. Les gens d'équipe sont les premiers spectateurs du film, ils sont émus, effrayés, ou au contraire retiennent leurs rires jusqu'à ce que le réalisateur dise «coupez», et alors les rires peuvent fuser, l'émotion s'exprimer. C'est le plaisir partagé, le bonheur de voir l'œuvre se créer.

Mon moment à moi

Sur un tournage de film, l'ingénieur du son a besoin d'enregistrer ce qu'on appelle du son d'ambiance. À quelques reprises pendant la journée de tournage, il demande le silence pendant une minute ou deux pour enregistrer l'ambiance qui aidera à créer un son uniforme au montage. Alors tous, acteurs et équipe, dans la position dans laquelle ils sont placés, deviennent totalement immobiles comme des mannequins dans une vitrine, pour entendre voler la mouche. C'est un moment magique, mon petit moment merveilleux à moi.

Aller au cinéma !

J'adore aller au cinéma. Le cinéma est un art rassembleur et populaire. Il y a certains films que tout le monde aime, peu importe leur situation sociale, c'est merveilleux quand cela se produit. On va au cinéma, on s'assoit dans une salle, et un monde nous est donné, qui nous fera rêver, rire, pleurer, réfléchir. Certains films peuvent nous remplir pendant des jours. Aller au cinéma m'enchante.

Inutile ?

J'admire les cinéastes qui donnent leur vie à leur art et qui peuvent aller jusqu'à commettre des folies au nom de l'amour qu'ils ont pour le cinéma.

À cause de la force de l'image — une image vaut mille mots —, les films peuvent aider à changer le monde. C'est aussi pour cela que la censure exerce un si grand contrôle sur le contenu des films, encore aujourd'hui.

Un sentiment d'inutilité peut habiter l'artiste, car personne ne lui demande de faire un film, d'écrire un livre, de faire une peinture, etc. On pourrait croire que le monde peut vivre sans l'art. Rien n'est plus faux. Les premiers humains ont dessiné sur les murs de leurs grottes avant de commencer à parler. Ils ont inventé la danse et le chant pour exprimer leur joie, leur peine et leur peur. Ils ont utilisé la musique des tambours pour communiquer, avertir du danger. Ils ont maquillé leur visage avec le jus des fruits et des plantes, pour se donner du courage avant d'affronter leurs adversaires, animaux ou membres d'autres tribus. Sans l'art, l'humain est vidé de sa substance et il s'en va sans joie vers sa mort.

Faire du cinéma et en voir a changé mon rapport à la vie, parce qu'il m'a permis d'interpréter le monde. Mettre le monde dans un cadre me permet de le comprendre. Pour cela je vais continuer à faire du cinéma. Encore un peu.

Bonheur, passion et création (Yves Laferrière[4])

Le bonheur, c'est faire ce qu'on aime, avec passion, et le faire longtemps.

Quand j'étais enfant, puis adolescent, c'était l'ère de l'interdit. Le bonheur consistait en une vague promesse de vie éternelle dans l'au-delà en compagnie des anges! Pour notre génération, ça ne passait tout simplement pas. D'ailleurs, le cri de ralliement de

---

4. Yves Laferrière est musicien depuis l'âge de 19 ans. Musicien accompagnateur, dans les années 1960-1970, de Pauline Julien, Jean-Pierre Ferland, Renée Claude, Monique Leyrac et autres. Membre fondateur du groupe rock Contraction. Années 1980-1990 et 2000 : composition de musiques pour une cinquantaine de projets (courts, moyens, longs métrages, fictions, documentaires éducatifs, publicités, ici et en Australie, en Angleterre, en France et en Belgique). Collaboration aux films de Denys Arcand, Paule Baillargeon, Francis Mankiewicz, Léa Pool, Jean-Claude Labrecque et autres.

notre jeunesse était : «We want the world and we want it now!»
Il était désormais «interdit d'interdire».

Ma première passion dans la vie fut le sport en général et le hockey en particulier. J'y consacrais temps et énergie. La notion de jeu me fascinait. Les sports d'équipe me permettaient de développer mes habiletés, d'apprendre à socialiser, à faire partie d'un groupe, à partager des responsabilités, à être solidaire, à développer l'estime de soi. Pendant toutes ces années d'études et de sport, j'ai vécu de grands moments de bonheur. J'y ai appris à gagner avec grâce et à perdre avec dignité.

À la fin de mon adolescence, une autre passion, tout aussi ardente, est apparue presque par hasard dans ma vie : la musique! Seul garçon d'une famille de quatre enfants, je fus le seul à ne pas être obligé d'étudier le piano. J'écoutais mes sœurs s'escrimer à faire des gammes et autres exercices fastidieux. Ironiquement, elles ont toutes abandonné la musique et moi, je suis devenu un musicien!

J'ai choisi librement de devenir un artiste pour jouer ma vie.

Le musicien «joue» de son instrument et le jeu consiste à inventer à l'infini des combinaisons abstraites (la musique est aussi mathématique), toujours avec les mêmes douze tons de la musique occidentale, dans le but de créer des émotions qui nous font vibrer et qui ultimement feront vibrer ceux et celles qui les reçoivent sous forme de chansons, de musique de film, de théâtre, de danse. Voilà où se trouve le bonheur, dans l'acte de création. Un moment furtif où surgit une émotion si intense, qu'elle nous élève hors du temps pendant un court instant.

Pour moi, le bonheur existe parce que le malheur existe aussi, il a toujours sa relative mineure comme en musique. La passion nous incite à rechercher de grands bonheurs, quitte à subir quelques grands malheurs. L'un et l'autre nous permettent de nous construire en tant qu'individu et, par extension, en tant que couple, famille et société.

Il faut accepter que le bonheur soit éphémère. L'écrivain et psychiatre Boris Cyrulnik disait au cours d'une entrevue que le bonheur ne dure jamais longtemps, et quand il dure longtemps il devient une source d'angoisse, car on craint qu'il ne s'arrête et il s'arrête effectivement lorsqu'on y pense. Et la vie quotidienne a vite fait de nous rappeler à la réalité. Il ne se passe pas une journée sans que les médias nous renvoient des images de religions qui s'entre-tuent au nom de leur dieu, de criminels en complet-cravate qui dépouillent des petits épargnants de tous leurs biens, des membres de l'Église traînés au banc des accusés pour de sombres crimes envers les enfants, des grandes villes envahies par des armées de petits bandits qui deviendront grands et enfin tous ces athlètes à l'esprit sain dans un corps sain qui sont prêts à toutes les tricheries pour rafler l'or et l'argent.

Et pourtant, rien ne parvient à nous empêcher de trouver le bonheur. Notre capacité à surmonter les obstacles, notre résilience, nous permet d'élever notre âme et d'atteindre un état d'apesanteur où nous échappons momentanément à la gravité physique et morale de l'existence. On peut très bien écouter avec bonheur un « blues » qui pourtant chante le malheur.

Et comme dit le cinéaste : « Le bonheur est une chanson triste... »

TROISIÈME PARTIE

Bonheur et conscience sociale

CHAPITRE XI

Un bonheur communau-terre

Louis Vaillancourt[1]

Le bonheur humain, bien qu'il s'enracine dans les profondeurs de l'être et qu'il relève d'une disposition intérieure face à la vie, passe aussi (et d'une manière non moins essentielle) par la satisfaction des besoins fondamentaux. La vie humaine, dans sa participation au monde naturel, tend vers un minimum de satisfaction des besoins de base (eau, nourriture, abri, etc.), sans lequel un état de bien-être est difficilement accessible. C'est ce qu'on pourrait appeler les «conditions écologiques» du bonheur. Le bonheur implique donc un certain équilibre entre l'individu et son environnement, mais aussi, et de façon radicalement nouvelle, parmi les individus entre eux. La crise écologique est une occasion de prendre conscience de l'interrelation entre tous les êtres comme fondement d'un possible bonheur.

1. L'auteur est professeur agrégé au Département d'études religieuses de l'Université de Sherbrooke. Ses recherches portent sur l'interaction entre l'environnement, l'éthique et les religions.

Les conditions écologiques du bonheur

Pour un biologiste ou un écologiste comme Pierre Dansereau[2], les véhicules du bonheur, ce sont : 1) les processus d'échange avec le milieu naturel, c'est-à-dire l'air, l'eau, la nourriture, l'espace, un abri, l'échange d'information par différents signaux (la communication) ; ces échanges peuvent être plus ou moins faciles, plus ou moins bien réussis, selon l'accessibilité des ressources ; 2) le partage des ressources, qui se fera toujours de manière inégale puisque celles-ci sont limitées et que le pouvoir d'utilisation varie selon les individus et les espèces ; 3) la productivité, c'est-à-dire la capacité des individus à utiliser la matière première. Elle aussi sera toujours variable, étant donné l'inégalité des diverses capacités d'exploitation.

Écologiquement parlant, le milieu peut donc se révéler plus ou moins favorable au bonheur selon qu'il est plus ou moins riche et l'individu, plus ou moins apte à l'utiliser. Toujours d'après Dansereau, le bonheur n'est pas possible dans un état de privation totale et guère probable dans la zone de nécessité. Il se situerait au-delà de cette zone, mais en deçà de celle du surplus et de la surconsommation[3]. Il résulterait de la satisfaction des divers besoins dans un équilibre qui correspond aux désirs et

2. Pierre DANSEREAU, « L'environnement humain compromet-il l'avenir de l'homme ? », *Cahiers de recherche éthique*, 4, 1982, p. 13-19.

3. « Il est maintenant bien établi qu'au-delà du seuil où les besoins essentiels sont satisfaits, les biens matériels et la richesse contribuent très peu au bonheur » (Mihaly CSIKSZENTMIHALYI, « L'expérience optimale (flow) : pour contrer la culture matérialiste et connaître l'enchantement », *Revue québécoise de psychologie*, 28, 1, 2007, p. 134).

aux capacités de l'individu (puisqu'on ne peut avoir le maximum partout, alors il faut la sagesse de pondérer ses désirs). Ce seuil de bonheur ne serait pas le même d'un individu à l'autre; il fluctuerait aussi d'une culture à l'autre, d'une époque à l'autre. Or si on considère le monde dans lequel nous vivons (les pays industrialisés) ainsi que le degré de satisfaction des besoins, on constate que nous sommes dans la zone de surplus, de surconsommation.

Un bonheur illusoire : l'avoir

La principale valeur qui a guidé le développement des sociétés occidentales est celle de la *croissance*, du *progrès*, contrairement aux civilisations anciennes, dites «primitives», qui étaient fondées sur l'*équilibre* entre l'humain et la nature. Leur mode de développement, beaucoup plus complexe qu'on ne l'imagine, s'inscrivait dans un profond respect des limites de la nature (qu'on pense par exemple aux cultures amérindiennes). La pérennité de la vie, sous toutes ses formes, guidait leur commerce avec la nature. Or nous vivons selon une «économie du désir», et non de subsistance ou de conservation, ce qui engendre une croissance exponentielle de la production de biens de consommation. L'économie nord-américaine est devenue un monstre affamé qui, pour se nourrir, suscite sans cesse de nouvelles demandes, forces motrices de la production, celles-ci justifiant un rythme de production toujours plus rapide. Le modèle anthropologique de l'Occident est celui de l'*homo economicus*, l'humain conçu «essentiellement sous le signe de l'économie, c'est-à-dire sous le signe de la demande incessante des biens[4] ». Or l'*homo economicus*, ou l'*homo consumens*, n'est jamais satisfait. Le bonheur semble toujours lui échapper, puisqu'il doit sans cesse l'attendre de l'éternel « nouveau », toujours supposé offrir « plus » et « mieux », comme si tout changement était nécessairement un « progrès ».

Or ce « progrès », cette « croissance économique » devenue le critère universel de santé des États et des institutions, est en réalité un cancer (qui se définit précisément comme la multiplication anarchique et incontrôlée d'un type de cellules) qui ronge sournoisement les systèmes de la vie, autant humaine que non humaine. Il n'est point besoin d'être savant pour comprendre qu'une économie de désir, par définition illimitée, ne pourra jamais être satisfaite avec des ressources et des moyens limités. La démesure de la demande en biens de consommation entraîne une pression énorme sur les écosystèmes. Quelles que soient les solutions que nous imaginons (réduire la population, produire plus d'aliments, inventer de nouvelles technologies, etc.), cette logique ne peut conduire qu'à une crise globale puisqu'elle ne remet pas en cause le postulat de base des Occidentaux : avoir plus = être plus heureux. Le mythe du progrès continue d'alimenter puissamment la pensée et l'agir des Occidentaux. Cependant, « il n'est plus une expression de l'espoir comme au XIXᵉ siècle, mais une fatalité à laquelle se sentent condamnés les hommes des États industrialisés[5] ». « On n'arrête pas le progrès ! »

4. F. D'AGOSTINO, « Écologie », *Dictionnaire de la vie spirituelle*, Paris, Cerf, 1983, p. 281.
5. Jürgen MOLTMANN, *Dieu dans la création*, Paris, Cerf, 1983, p. 46.

De fait, il semble bien que nous en avons perdu le contrôle et que nous n'avons pas d'autre choix que de nous y soumettre servilement. Or ce mythe prend appui sur une fausse équation qui ne profite qu'à une minorité (elle-même en proie à ses propres misères). S'enclenche alors le cercle publicité-désir-consommation-insatisfaction.

> L'Évangile de cette religion de la consommation ne connaît qu'une seule béatitude: «Heureux celui qui possède!» Un message tacite est à la base de toutes les publicités: «Il te manque une seule chose pour être heureux; va, achète-la, et tu seras comblé.» La promesse de bonheur, lié aux produits de la société de consommation, attire l'homme dans un abîme sans fond[6].

Le bonheur est projeté sur des objets qui ont une durée de vie de plus en plus courte et qui ne sont que répétition du même. «La prétention [des réalisations de la civilisation actuelle], pour ainsi dire métaphysique, de donner à l'homme la sécurité, le bonheur, en un mot l'accomplissement de lui-même, s'avère être une illusion sans fondement[7].» Le bonheur proposé par la consommation est celui d'une succession de plaisirs instantanés, constamment renouvelés au rythme de la production industrielle, mais qui laissent dans un état de profonde insatisfaction.

6. S. SPINSANTI, «Écologie», *Dictionnaire de la vie spirituelle*, Paris, Cerf, 1983, p. 288.

7. Gérard SIEGWALT, «Écologie et théologie. En quoi les problèmes d'environnement concernent-ils notre pensée, notre foi et notre comportement?», *Revue d'histoire et de philosophie religieuses*, 3, 1974, p. 342.

Le progrès désenchanté

Le progrès n'a pas donné les résultats escomptés ; au contraire, l'humanité moderne s'est trouvée asservie à l'économie, une économie engendrant inégalité et injustice. Le bonheur est en crise : d'une part, nos contemporains ont été désenchantés par les promesses d'un bonheur lié à la seule croissance économique et au développement technologique et, d'autre part, ils se sentent de plus en plus menacés par la détérioration des milieux de vie et l'épuisement des ressources naturelles[8].

En effet, la forme actuelle de la quête de bonheur, c'est-à-dire l'illusion de l'obtention de la plénitude par la consommation, conduit inexorablement à la destruction de notre milieu de vie, condition de base du bonheur humain. Par un étrange retournement des choses, les moyens que nous avons mis en œuvre pour être plus heureux ont maintenant pour effet de diminuer notre qualité de vie et de nous rendre malheureux. Derrière le besoin irrépressible de consommer (de se faire plaisir, de se divertir, bref, de « compenser ») en accumulant des biens, se cache une peur du vide, une peur de soi, de sa finitude, une peur de la mort... L'individu occidental, pour combattre la tristesse et l'ennui d'une vie de plus en plus anonyme, d'un manque d'être angoissant, se jette dans l'acquisition d'objets censés combler ce vide existentiel. Une dynamique pernicieuse où la société qui crée le vide par l'idolâtrie de l'avoir propose comme remède d'avoir toujours

---

8. Richard LEFRANÇOIS, « La postmodernité et sa promesse de béatitude », *Revue québécoise de psychologie*, 28, 1, 2007, p. 183-207.

plus. De dépit en désir, on tente d'anesthésier l'angoisse qui nous ronge, sans jamais y parvenir. Il est quand même significatif de constater que la croissance industrielle s'est faite en parallèle à une augmentation de la consommation des excitants et des antidépresseurs, deux indices importants de l'instabilité psychologique des habitants des pays industrialisés. Et pour ceux qui n'ont pas les moyens de se livrer à la consommation à outrance (et ils sont très nombreux!), il reste toujours la loterie (devenue un «service» gouvernemental: Loto-Québec) pour entretenir le rêve d'une vie où l'avoir serait synonyme de bonheur. Le bonheur est de plus en plus vécu dans le rêve, le fantasme, le virtuel, la projection ou la procuration. Et cela est pathétique, car il en résulte infailliblement de l'insatisfaction, un repli sur soi et une multiplication des actes de consommation.

Du plaisir solitaire au bonheur solidaire

En Occident, la lutte pour la survie dans un environnement naturel hostile est terminée depuis longtemps. Il faut maintenant lutter contre l'insignifiance de la vie qui découle de la surabondance et de l'hyperactivité. La preuve de cette affirmation est que le malheur a une dimension sociale. Ce sont nos sociétés industrielles qui ont entraîné la multiplication des détresses psychologiques, des suicides, des crimes, des «maladies de civilisation», etc. Les maladies de civilisation, c'est-à-dire les pathologies qui se généralisent à l'intérieur des sociétés industrielles, illustrent bien ce à quoi conduisent le surplus et l'excès de nourriture (gras, sucre, produits chimiques), de travail, de stress, de sédentarité, de divertissement, de stimulation, etc. Ils mènent aux maladies cardio-vasculaires, au diabète, à l'hypertension, à l'obésité, aux troubles du fonctionnement digestif et du sommeil, à divers types de cancer, aux problèmes psychologiques, etc. Donc la santé, c'est-à-dire l'équilibre de l'organisme, qui est un des facteurs fondamentaux contribuant au bien-être de la personne, est menacée par la surabondance de nos sociétés de consommation et par le rythme de vie qu'imposent celles-ci. On voit bien ici le lien entre la santé humaine et la santé environnementale. C'est tout un système vital qui est en crise, et les maux humains ne sont qu'un symptôme, maintenant impossible à masquer, d'une crise beaucoup plus globale. Dans ces phénomènes épidémiologiques planétaires, c'est l'interrelation de tous les éléments qui est rendue manifeste. L'être humain ne peut espérer vivre en santé, heureux, sur une planète malade : l'insanité de notre mode de vie engendre l'insanité de notre environnement, laquelle rejaillit sur notre santé. Mon bonheur, tout comme celui des autres, est menacé par les impacts écologiques de nos comportements économiques.

Cette course folle à la consommation est tout aussi destructrice pour la personne humaine qu'elle l'est pour la vie non humaine, pour la terre qui nous porte. Car l'idole à laquelle nous sacrifions notre vie (travail = argent = avoir = bonheur) entraîne aussi le sacrifice (au sens propre de « mise à mort ») de tout ce qui constitue notre milieu de vie, à commencer par nos propres corps, les premiers à souffrir de cette logique mortelle. À preuve, le taux de surmenage professionnel a atteint des niveaux records dans les pays industrialisés. Non seulement la frénésie des sensations, des divertissements, des nouveaux plaisirs, entretenue par la machine publicitaire du système économique, ne satisfait pas le cœur humain, mais également elle engendre le pillage et le gaspillage des ressources de la planète. La surexploitation et la diminution des ressources sont un des symptômes les plus évidents d'une crise du bonheur. « À mesure que les ressources de la biodiversité déclinent, la culture du bonheur fondée uniquement sur la croissance économique est confrontée à l'échec[9]. » Tant que nous serons prisonniers de cette illusion, le bonheur ne pourra que nous échapper. L'être humain ne sortira pas de la crise écologique en modifiant uniquement son rapport avec la nature « extérieure ». C'est aussi son rapport avec lui-même, son propre corps, sa nature « intérieure », qui doit être transformé.

L'autolimitation : être heureux avec moins

Si le bonheur ne se trouve pas dans la poursuite incessante d'une satisfaction d'ordre matériel ou d'un confort qui n'apporte ultimement que vide et lassitude, alors une transformation de notre rapport aux choses est nécessaire. Le mot-clé pour l'instauration d'un mode de vie plus susceptible de conduire au bonheur est celui de « limites ». Telle qu'elle s'effectue aujourd'hui, la quête insensée (c'est-à-dire sans limite et sans direction) du bonheur met en péril non seulement la vie de pays entiers, des animaux et des plantes, mais aussi la qualité de la vie humaine en général, et donc du bonheur poursuivi. L'*hubris* (c'est-à-dire la démesure,

9. Paule HALLEY, « Le développement durable, une condition au bonheur ? », *Revue québécoise de psychologie*, 28, 1, 2007, p. 171.

l'exercice de la puissance pour la puissance) est à la racine de notre incapacité à être heureux. Que nous le voulions ou non (car tel est bien ce qui se prépare inexorablement), nous devrons apprendre à nous poser des limites dans notre manière d'exploiter les ressources naturelles et de les partager. Or il semble que cette idée même de limite est difficilement acceptable pour les Occidentaux, comme si le simple fait de ne pas pouvoir tout se permettre (du moins en théorie) venait miner à la base les rêves de bonheur. Il serait peut-être bon de se rappeler ici que la tradition judéo-chrétienne décrit justement la faute originelle de l'humanité comme une incapacité à se voir interdire (poser une limite) *un* arbre du jardin, alors que tous les autres lui étaient accessibles (voir Genèse 2,16-17).

L'autolimitation (certains parlent de «frugalité», d'autres de «simplicité volontaire», etc.) est donc la condition écologique première pour accéder à un bonheur personnel, collectif et durable. En effet, le caractère fondamentalement limité des ressources exige: 1) qu'on respecte la capacité biologique des écosystèmes à se renouveler; 2) qu'on n'accumule pas de manière injuste une partie des ressources au détriment d'autres qui vivent dans la privation extrême.

Dans l'histoire de la spiritualité, en particulier de la spiritualité chrétienne, cette autolimitation a pris un nom: l'«ascèse» (du grec *askêsis*, «exercice»), c'est-à-dire un entraînement à la privation, non pas dans un esprit de mortification coupable, mais dans une recherche de l'essentiel et dans le but de devenir libre. L'autolimitation, puisqu'elle s'attaque à la racine du problème, est sûrement l'action la plus puissante que nous puissions poser dans le contexte de la démesure. Robert Müller, ex-secrétaire général adjoint des Nations unies, a écrit que «le retour à la frugalité est la seule véritable contribution que nous puissions apporter à la survie de la planète», et j'ajouterais: «aux conditions de bonheur de l'humanité».

Au moment même où l'ascèse, en tant que pratique spirituelle un peu masochiste ou autopunitive, a complètement disparu, voici qu'elle refait surface dans notre culture en tant que voie privilégiée de libération personnelle et collective vis-à-vis d'un système économique aliénant. Elle renaît comme solution de remplacement de l'esclavage qui caractérise une économie de désir. En effet, cette ascèse, aussi étonnant que cela puisse paraître, n'est pas seulement une action positive pour la sauvegarde de la création, mais aussi, et peut-être surtout, une voie d'épanouissement parce qu'elle correspond aux besoins authentiques de la personne, qui sont bien plus au niveau de l'être que de l'avoir. L'être humain se réalise, et accède ainsi au bonheur, dans l'expression de ses capacités et dans la relation bienveillante à l'autre, et non dans la possession toujours plus grande de biens. Une forme de renoncement à la spirale sans fin de la consommation, loin de «mortifier» la personne et de la faire souffrir, est au contraire un mouvement de vie, de libération et d'accession à soi dans son identité profonde.

L'ascèse, en tant qu'autolimitation volontaire, est probablement une des dernières occasions que nous avons de choisir librement certaines contraintes. Car on peut penser que, dans un avenir plus ou moins rapproché, le rationnement inévitable qui nous attend, suite à la raréfaction de certaines ressources non renouvelables, nous sera imposé par les autorités du système. À plus ou moins brève échéance, nous serons placés devant un choix : l'ascétisme volontaire ou une austérité forcée décrétée par un pouvoir politique. La limitation, à plus ou moins court terme, ne sera pas un choix. À nous de choisir d'y entrer de plein gré ou de force. Mais, pour cela, encore faut-il en percevoir toutes les valeurs positives. Ce qui rend le renoncement et l'autolimitation constructifs, c'est le développement des potentialités humaines, de même qu'une nouvelle échelle de valeurs beaucoup plus susceptible de conduire au bonheur : respect, gratuité, réciprocité, solidarité, etc., plutôt qu'avidité, compétition, rivalité, agressivité, etc. Je ne pense pas que d'autres voies que celle d'une éthique de la limite, de la mesure, de la modération et du renoncement puissent nous conduire hors du chemin de malheur sur lequel nous marchons. Un malheur personnel et collectif dans nos sociétés qui se désintègrent sous le tribut à payer à l'opulence, un malheur écologique où la beauté de la nature est sacrifiée sur l'autel du profit et de la consommation.

La liberté de choisir

Le malheur le plus grand serait de croire qu'il n'y a rien à faire, que nous sommes condamnés à une vie d'esclaves du système économique, qu'il ne nous reste qu'à nous replier encore plus sur les illusions de bien-être que procure l'avoir. Le plus grand malheur serait de renoncer à notre liberté, alors que c'est justement le moment de lui permettre de s'exprimer le plus radicalement possible dans le refus d'être totalement identifiés à des consommateurs. Notre épanouissement personnel et collectif ne pourra se réaliser sans une prise de conscience de notre aliénation et une prise de décision en vue d'une vie plus simple mais plus heureuse. Les limites sont là. Nous les découvrons peu à peu à mesure qu'elles s'imposent à nous dans les conséquences désastreuses du non-respect de celles-ci. À nous maintenant d'inventer de nouveaux styles de vie qui intègrent le respect des limites du monde naturel et de l'humain. À nous de renverser la dynamique de nos sociétés de consommation en choisissant (n'est-ce pas ce qui est l'essence de l'humain, la liberté?) de vivre autrement. Car il ne s'agit pas d'une fatalité contre laquelle nous ne pouvons rien faire! Il s'agit d'*un* modèle, très bien ancré et très puissant, mais dont la puissance repose entièrement sur notre adhésion à celui-ci. Le bonheur par la puissance technicienne (exploitation, production, consommation), comme moyen de satisfaction des désirs, est une illusion dans laquelle la société contemporaine est tombée. La seule solution possible consiste à remplacer ce modèle par d'autres. N'est-ce pas aussi ce qui caractérise l'humain que de pouvoir s'adapter de manière créatrice à de nouvelles situations? Nous voici peut-être devant le défi ultime lancé à l'humanité : se maîtriser elle-même en acceptant librement que le monde dans lequel nous vivons ne peut plus être traité comme nous le faisons, sinon au prix de notre bonheur, et encore plus celui des plus pauvres. Ce choix est possible. Des « prophètes » ont commencé à critiquer le système actuel. De nouveaux modèles sont en émergence, fondés sur un rapport plus juste entre les humains et plus harmonieux avec la nature. Un de ceux-ci est celui de « développement durable », qui remet en question les postulats de l'économie libérale et se présente comme porteur de bonheur à long terme.

Bonheur et développement durable

Le concept de «développement durable» est défini comme «un développement qui répond aux besoins du présent sans compromettre la capacité des générations futures à répondre aux leurs[10] ». L'être humain, son bien-être et sa qualité de vie sont au cœur des finalités du développement durable. Le développement durable sous-entend que le bonheur collectif devra passer par un réalignement des modes de production et de consommation qui prend en considération les données de la crise écologique. On ne peut plus imaginer que le bien-être d'un petit nombre se réalise au détriment des plus pauvres, des générations à venir et de ce qui constitue notre unique milieu de vie : la terre. Cette nouvelle manière de penser le développement, qui se dissocie de la production/consommation de masse, représente un immense défi, tant pour les individus que pour les collectivités. Le défi consiste à passer d'un modèle de développement basé sur la croissance à un modèle de durabilité. «L'intégrité écologique est une condition, l'économie un moyen, et le développement social et individuel une fin du développement durable, alors que l'équité est à la fois une condition, un moyen et une fin[11]. »

10. Commission mondiale sur l'environnement et le développement, *Notre avenir à tous*, Montréal, Éditions du Fleuve, 1987.

11. Paule HALLEY, *op. cit.*, p. 165.

Ce virage nécessitera des transformations sociales importantes, elles-mêmes fondées sur des changements dans les valeurs individuelles. Les enjeux associés au respect de la nature et au partage équitable des ressources sont majeurs. Il faudra adopter des comportements moins égocentriques et plus écocentriques. Certaines pratiques individuelles et sociales sont devenues incompatibles avec le bonheur.

> La nécessité de protéger, de préserver et d'améliorer l'état de l'environnement et d'assurer un développement durable est une condition essentielle au bien-être de l'homme et à la jouissance de ses droits les plus fondamentaux, i.e. le droit à la vie lui-même[12].

D'inévitables sacrifices devront être faits en matière de rentabilité, de croissance, de production, etc., de manière à renverser la dynamique d'exploitation abusive des ressources naturelles et à respecter le rythme des écosystèmes. C'est à cette condition que l'« empreinte écologique » de l'humain sur la nature n'hypothéquera pas l'héritage commun de l'humanité, et par conséquent les possibilités de bonheur de nos contemporains et des générations à venir. Il faut être conscient cependant que l'objectif du développement durable est de « créer des conditions favorables *nécessaires* au bonheur du plus grand nombre, mais ces conditions ne produisent pas *nécessairement* le bonheur puisque ce dernier dépend avant tout de l'individu[13] ». En revanche, une terre devenue inhabitable et dont les ressources auraient été dilapidées compromettrait sérieusement les possibilités de bonheur de l'humain.

12. *Ibid.*, p. 174.
13. *Ibid.*, p. 162.

Conclusion : être heureux ensemble

Puisque le bonheur se situe entre la privation et l'excès, Pierre Dansereau en concluait que « le bonheur n'est guère possible[14] » pour les Occidentaux bien nantis. De fait, une vie centrée sur la poursuite de l'avoir ne peut engendrer qu'un faux bonheur. Alors, comment vivre un bonheur authentique ?

L'être humain n'est pas qu'un « consommateur ». Il faut réapprendre ce qu'il en coûte véritablement pour la satisfaction de nos besoins, compte tenu que nous ne sommes pas seuls au monde, que tous ont des besoins. Quitte à devoir se soustraire à des plaisirs (même légitimes !), sachant qu'ils contribuent à l'exploitation de la nature et au malheur de l'autre. Non seulement il est indécent et immoral de vivre dans l'excès alors que des pays entiers sont dans la misère, mais il est maintenant évident que cela est écologiquement insoutenable. Tôt ou tard, quelqu'un devra payer la note. Déjà, la crise écologique nous fait prendre conscience de l'interdépendance de toutes les créatures et des limites inhérentes à notre monde. Pour reprendre les mots d'Albert Jacquard : « Voici le temps d'un monde fini[15]. » On pourrait ajouter : « Voici le temps du souci de l'autre, humain et non humain. » Le bonheur humain authentique est un bonheur essentiellement communautaire, non seulement dans une harmonie avec les autres humains, mais avec toute la terre. D'ailleurs, aucune harmonie avec les autres ne sera possible dans l'avenir sans la protection et le par-

14. Pierre DANSEREAU, « L'environnement humain compromet-il l'avenir de l'homme ? », *Cahiers de recherche éthique*, 4, 1982, p. 19.

15. Titre d'un de ses ouvrages (Paris, Seuil, 1991).

tage des ressources qui sont un bien commun de l'humanité, actuelle et à venir.

Nous sommes mis au défi d'implanter une nouvelle manière de vivre, comme individu et comme société, qui soit plus satisfaisante et moins mortifère. La survie de nos sociétés repose sur une nouvelle manière d'entrer en relation avec les choses, avec le monde, avec les autres. Nous réalisons maintenant qu'il y a quelque chose de collectif dans la réalisation personnelle du bonheur; il est lié à un projet social qui rend possible une juste distribution des ressources et des services. Mon bonheur (tout comme celui des autres), *aujourd'hui plus que jamais*, ne dépend pas seulement de moi. Le bonheur ne peut être possible sans la coopération, la fraternité, le souci de l'autre. La plénitude de notre existence, spirituelle et physique, personnelle et collective, n'est accessible qu'à travers un décentrement de soi, une ouverture radicale à l'autre, l'autre humain, mais aussi l'autre non humain. L'autre, les autres, humains et non-humains, sont une condition incontournable à la réalisation d'un bonheur durable. L'humanité sera heureuse ensemble, sur une terre cultivée avec respect et partage, ou elle ne sera pas.

CHAPITRE XII

Bonheur et hyperconsommation :
quand consommation rime avec identité

Patrick Snyder[1]

Qu'est-ce qu'une société d'hyperconsommation[2] ?

La notion de « société de consommation » date des années 1920. C'est avec les années 1960 que la société de consommation devient officiellement notre cadre de vie, tant du point de vue économique que privé. « La société de consommation a créé en grand l'envie chronique des biens marchands, le virus de l'achat, la passion du nouveau, un mode de vie centré sur les valeurs matérialistes[3]. »

---

1. L'auteur est professeur agrégé au Département d'études religieuses de l'Université de Sherbrooke.

2. Pour l'ensemble de ce chapitre, nous utiliserons comme source l'ouvrage suivant : Gilles LIPOVETSKY, *Le bonheur paradoxal. Essai sur la société d'hyper-consommation*, Paris, Gallimard, 2006, 377 p. Gilles Lipovetsky est un philosophe français spécialiste de l'individualisme contemporain. Ses analyses sont toujours rigoureuses et tiennent compte de l'ensemble des éléments paradoxaux que soulèvent des thèmes comme le bonheur, la beauté, l'éphémère et les marques commerciales.

3. Gilles LIPOVETSKY, *op. cit.*, p. 33.

Toutefois, pour Gilles Lipovetsky, nous sommes depuis une ving-
taine d'années devenus une société d'hyperconsommation. Nous
avons poussé à son paroxysme la société de consommation. Tous
les secteurs de la vie, privés et publics, sont maintenant déterminés
par la consommation. «La nouvelle société qui voit le jour fonctionne à l'*hyperconsommation*, non à la "dé-consommation"[4].»
L'individualisme du consommateur caractérise cette nouvelle ère
marchande. Nos pratiques de consommation expriment un nouveau rapport à soi. L'individu est devenu un hyperconsommateur
qui cherche à satisfaire ses besoins en tout temps. Le soleil ne se
couche jamais sur l'empire marchand. Acheter jour et nuit,
365 jours par année, voilà le nouveau credo. La société d'hyperconsommation veille à ce que nos désirs soient continuellement
stimulés.

L'hyperconsommateur est impatient! Il veut son nouveau
jouet immédiatement. Il vit dans l'urgence en permanence. Il
n'achète plus nécessairement pour faire connaître sa classe sociale.
Il achète pour combler ses aspirations au bonheur. Il cherche à
optimiser son bien-être intérieur par l'acquisition de biens matériels continuellement renouvelés. L'hyperconsommateur n'aspire
pas à avoir simplement le choix. Il veut l'hyperchoix. Ses attentes
matérielles dépassent largement ses besoins réels. Pour Lipovetsky,
nous ne sommes plus dans une société matérialiste, mais hyper-
matérialiste. Nous changeons continuellement nos objets. Le
marché nous bombarde sans relâche de nouveaux produits plus
performants ou avec design renouvelé. Nos visites au centre

4. *Ibid.*, p. 23.

commercial sont des conquêtes de nouveauté. Le renouvellement des modèles est de plus en plus rapide. L'objet nouveau est démodé aussitôt qu'il a été acheté. L'hyperconsommateur carbure à l'offre constante de nouveaux articles. De notre naissance à notre mort, nous sommes ciblés par l'offre marchande. Les enfants hyperconsommateurs réclament la liberté de faire leurs propres choix de biens matériels. Ils ont un pouvoir économique important. L'hyperconsommateur à la retraite est en quête de distractions et de voyages. Il veut se conserver en santé et prendre du bon temps pour oublier la marche du temps.

Malgré des conditions matérielles au comble de la surdose, l'hyperconsommateur a le sentiment que sa vie est lourde et pénible. Il est anxieux et dépressif. Il a de la peine à accepter les difficultés de la vie. Il ne trouve la tranquillité ni en lui-même ni dans le monde. Plus il possède des biens, plus il est insatisfait de sa vie. « Toujours plus de satisfactions matérielles, toujours plus de voyages, de jeux, d'espérance de vie : pourtant cela ne nous a pas ouvert en grand les portes de la joie de vivre[5]. » Notre joie de vivre et notre bien-être intérieur n'augmentent pas avec la possession de biens matériels.

La pauvreté est un autre paradoxe de la société d'hyperconsommation. Pendant que les plus pauvres manquent de l'essentiel, les plus riches ont accès à une multitude de marchandises de luxe. Les riches surconsomment au vu et au su des plus pauvres. Toutefois, la pauvreté n'exclut pas la logique d'hyperconsommation. Comme les riches, les pauvres aspirent à avoir toujours plus de biens.

5. *Ibid.*, p. 136.

Une des ironies de l'époque est que les exclus de la consommation sont eux-mêmes des espèces d'hyperconsommateurs. Privés de vraie participation au monde du travail, en proie au désœuvrement et à l'ennui, les individus les moins nantis recherchent des compensations dans la consommation, dans l'acquisition de services ou de biens d'équipement, fût-ce parfois au détriment de ce qui est le plus utile[6].

Les plus pauvres vivent le stress de l'accès à la consommation et se sentent trahis par une société d'abondance qui leur présente sans cesse des images du bonheur à travers la quête de biens matériels. Autre paradoxe, nous sommes conscients que l'hyper-consommation nous conduit droit vers l'abîme. Les scientifiques et les médias nous martèlent les conséquences de notre gaspillage sur la planète. Nous avons maintenant la certitude que poursuivre dans la même veine, c'est menacer l'avenir même de nos enfants. Pourtant, nous demeurons obnubilés par les marchandises éphé-mères. Pourquoi ? La société d'hyperconsommation aurait-elle quelque chose à voir avec notre conception du bonheur ?

Consommer pour être heureux

Pour Lipovetsky, le culte que nous vouons aux biens marchands est une quête de bonheur. Nous sommes avides de bonheur. La société d'hyperconsommation se caractérise par la quête de bonheur individuel. Les produits nous sont vendus avec des promesses de bonheur immédiat. Votre nouvel ordinateur vous rendra heureux. Vous avez droit à ce bonheur.

6. *Ibid.*, p. 177.

Mieux-vivre, « profiter de la vie », jouir du confort et des nouveautés marchandes apparaissent comme des droits de l'individu, des fins en soi, des préoccupations quotidiennes de masse. Toute une culture se déploie qui invite à goûter les plaisirs de l'instant, à jouir du bonheur ici et maintenant, à vivre pour soi-même ; elle ne prescrit plus le renoncement, elle fait scintiller en lettres de néon le nouvel Évangile : « Achetez, jouissez, c'est la loi et les prophètes[7]. »

La société d'hyperconsommation se déploie au nom du bonheur. Nous produisons et consommons des biens pour être heureux. L'idée de « génie » des publicitaires hypermodernes, c'est d'avoir associé bonheur et consommation. Notre bonheur passe par l'amélioration perpétuelle de notre qualité de vie par l'achat. La sacralisation du bonheur matériel va de pair avec la sacralisation de l'individu. La société d'hyperconsommation est érigée sur les aspirations matérialistes de l'individu.

Toujours plus de marché, toujours plus de stimulations à mieux vivre ; toujours plus d'individu, toujours plus d'exigence de bonheur : ces phénomènes sont strictement solidaires. Il ne s'est point opéré de renversement de logique, ce qui se déploie étant un effet cohérent, pléthorique, ultime de la civilisation individualiste-marchande ouvrant continûment son éventail d'offres et de promesses en vue d'une vie meilleure[8].

Le bonheur est la valeur centrale de l'individu hédoniste en quête de satisfaction immédiate. L'hyperconsommateur est en quête constante de nouveaux bonheurs à consommer sans pou-

7. *Ibid.*, p. 93.
8. *Ibid.*, p. 307.

voir assouvir sa quête de bonheur. Le bonheur semble toujours lui échapper. Les biens matériels ne le rendent pas plus heureux. La roue tourne sans fin. «Se pourrait-il que la voie empruntée par la civilisation techno-marchande soit une impasse fatale[9]?» Comment sortir de ce cercle infernal quand l'objet consommé fusionne avec l'individu qui le consomme?

Je suis ce que je consomme

Nous devons reconnaître que l'hyperconsommateur peut jouir de plaisirs toujours plus nombreux. Il peut s'éclater avec toutes sortes d'objets et dans de multiples formes de loisirs. Les nouvelles technologies lui procurent des stimulations palpitantes renouvelables sans fin. Évidemment, cela n'est pas le bonheur, mais ces stimulants peuvent procurer de réelles satisfactions. La société d'hyperconsommation n'a pas que des côtés négatifs. Elle répond à notre besoin de nous distraire, de rire et de rêver. Pour Lipovetsky, ces besoins sont consubstantiels à l'humain.

C'est oublier que l'on ne consomme pas seulement pour satisfaire des besoins «premiers» mais aussi pour rêver, se distraire, paraître, découvrir d'autres horizons, «alléger» l'existence quotidienne. [...] Une part de nos bonheurs est faite de plaisirs «inutiles», de jeu, de superficialité, d'apparences, de facilités plus ou moins insignifiantes. [...] La société d'hyperconsommation a beaucoup de vices, mais elle n'a pas tous les vices: elle prend l'homme tel qu'il est, multiple, futile et contradictoire, avec ses désirs de distraction et d'évasions

9. *Ibid.*, p. 306.

certes sans grande noblesse mais qui, pourtant, font partie de la vie. *Ecce homo*[10].

Notre époque de surabondance est intimement associée à notre volonté de vivre de nouvelles expériences. L'hyperconsommateur révèle sa personnalité par ce qu'il consomme. Les objets qui l'entourent sont les signes visibles de son identité. Je suis ce que je consomme. La consommation a acquis une fonction qui dépasse largement sa fonctionnalité. Elle a une charge identitaire. « Dans la course aux choses et aux loisirs et plus ou moins consciemment, l'*Homo consumericus* s'attache à donner une réponse tangible, fût-elle superficielle, à la question éternelle : qui suis-je[11] ? » L'hyperconsommation nous renvoie à nous-mêmes. Elle révèle des frustrations existentielles, des insatisfactions à l'égard de soi. « Ironie de l'époque : la civilisation de l'hypermarchandise a moins créé l'aliénation aux choses qu'elle n'a accentué les désirs d'être soi, la division de soi à soi et de soi à l'autre, la difficulté d'exister comme être-sujet[12]. » L'hyperconsommation vise à se recentrer sur soi dans un monde hyperactif. Prendre du temps pour soi, prendre soin de soi. Voilà des lieux où la réappropriation de soi est intimement associée à la consommation. Cette réappropriation passe par des expériences émotionnelles consommatives.

10. *Ibid.*, p. 316.
11. *Ibid.*, p. 41.
12. *Ibid.*, p. 156.

Consommer : une expérience émotionnelle

Lipovetsky associe notre besoin inassouvi de consommer à la quête de satisfactions émotionnelles. Nous voulons vivre des expériences sensorielles, esthétiques, ludiques et distractives grâce aux produits que nous consommons. L'hyperconsommateur est à l'affut de mieux-être et d'expériences émotionnelles. Consommer pour acquérir le minimum confortable n'est pas suffisant. Vivre de nouvelles émotions, voilà son stimulant. La nouveauté permet à l'individu de calmer sa soif d'expériences. Consommer, c'est aussi faire des expériences pour faire des expériences. Consommer, c'est vivre en continu des expériences nouvelles. L'expérience émotionnelle prend le pas sur l'objet pour l'objet.

> C'est dans ce contexte que l'hyperconsommateur recherche moins la possession des choses pour elles-mêmes que la multiplication des expériences, le plaisir de l'expérience pour l'expérience, l'ivresse des sensations et des émotions nouvelles : le bonheur des « petites aventures » achetées forfaitisées, sans risque ni inconvénient[13].

L'industrie de l'expérience-consommation nous suggère une pléthore de nouvelles possibilités d'expériences. L'individu veut être stimulé. Il veut éprouver des sensations extraordinaires. L'univers de l'hyperconsommation émotionnelle stimule l'achat hédoniste. Il a éclipsé l'achat pratique, l'achat de produits de première nécessité. Acheter une voiture ou un meuble doit nous faire vivre des émotions qui n'ont rien à voir avec leur fonction utilitaire. L'émotion s'estompera peu de temps après l'acquisition.

13. *Ibid.*, p. 58.

Et la roue tourne et tourne. «Nul doute que cette capacité à créer de la distraction ludique et du mouvement "intérieur" ne soit l'un des grands facteurs alimentant l'escalade interminable des besoins[14].» La quête de nouvelles émotions est sans fin. Même la spiritualité n'échappe pas à l'hyperconsommation.

Le supermarché de l'âme

L'avoir et l'être sont deux conceptions diamétralement opposées du bonheur. L'avoir détermine l'aspect matérialiste, et l'être l'aspect spirituel. En principe, le bonheur spirituel est centré sur le développement de notre conscience et sur l'ouverture à l'autre. Dans une société d'hyperconsommation, la séparation entre bonheur matériel et bonheur spirituel est-elle encore effective? La spiritualité est-elle devenue un bien de consommation? Selon Lipovetsky, la nouvelle quête de sens est indéniablement déterminée par l'hyperconsommation. La démarche spirituelle est devenue une recherche incessante de nouvelles méthodes, de nouveaux gourous, de nouveaux livres miracles, etc. L'hyperconsommateur expérimente constamment de nouveaux produits spirituels.

> Dans la société d'hyperconsommation, même la spiritualité s'achète et se vend. […] Voilà la spiritualité devenue marché de masse, produit à commercialiser, secteur à manager et promouvoir. Ce qui constituait un contre-feu au déchaînement de la marchandise s'est métamorphosé en levier de son élargissement[15].

14. *Ibid.*, p. 63.
15. *Ibid.*, p. 121.

L'hyperconsommateur veut le confort psychique, l'harmonie intérieure et l'estime de soi. Pour y arriver, il consomme différentes démarches spirituelles : sagesses orientales occidentalisées, guide des anges, précis du bonheur en cinq étapes, etc. Sa quête spirituelle toujours insatisfaite, il se tourne à nouveau vers la dernière mode en matière de spiritualité. Il contribue ainsi à l'expansion du supermarché de l'âme.

> Dans cette mouvance se multiplient les librairies spécialisées et les salons d'exposition, toute une offre commerciale faite d'ateliers avec gourou, de centre de développement personnel et spirituel, stages de zen et de yoga, ateliers sur les « chakhras », consultation en « médecine spirituelle », cours d'astrologie et de numérologie, etc.[16].

L'hyperconsommateur du spirituel succombe à répétition au marketing de l'âme. Il cherche de toute urgence une réponse à son vide de sens. Il veut une spiritualité clés en mains. Rien de trop compliqué. Rien qui demande trop de temps. L'effort et la constance ne sont pas pour lui. La sagesse des grands maîtres spirituels demande trop de temps et d'abnégation de soi.

> Centrée sur l'immédiateté et l'émotionnelle, la sagesse qui vient est une *sagesse light* en concordance parfaite avec l'hyperconsommateur expérientiel : c'est moins à une « révolution spirituelle » que nous avons affaire qu'à l'une des figures de la consommation-monde[17].

La spiritualité est devenue un supermarché comme les autres. L'âme religieuse est pénétrée par la logique de l'hyperconsommation. L'important n'est plus de changer le monde. Le chercheur

16. *Ibid.*, p. 120.
17. *Ibid.*, p. 319.

de sens est devenu narcissique. Il veut s'autoperfectionner. Il veut harmoniser son corps et son esprit. Il veut découvrir sa conscience cosmique. Il veut trouver l'équilibre intérieur. La spiritualité peut même servir à obtenir plus de biens matériels. Des mantras servent à envoyer dans le cosmos son désir d'être riche. «L'individu hyperconsommateur aspire aux avantages du monde moderne, l'harmonie intérieure en plus[18].» La spiritualité ne suppose plus le détachement des biens matériels. Elle est confondue avec la pleine réalisation de l'ego.

La spiritualité *light* nous simplifie la vie au maximum. Comment être heureux? Apprenez à vous aimer! Pensez positivement! Rendez vos pensées harmonieuses! Le bonheur vous appartient! Ce qui vous arrive reflète votre vie intérieure! Vous pouvez apprendre à être heureux! Je vais vous apprendre à être heureux! Vous devez décider maintenant d'être heureux! Voilà le credo de la spiritualité en kit. La pensée magique est de retour. L'hyperconsommateur aime les remèdes miracles. Il carbure aux rituels incantatoires qui garantissent son évolution spirituelle. Malgré tout, le «spiri-individu» est toujours déçu. Comment faire autrement? Être heureux seul est-il possible? La grande leçon de toute quête spirituelle sérieuse, c'est que nous avons besoin des autres pour vraiment connaître le bonheur. Nier cette évidence, c'est se condamner à périr sur le bûcher de l'hyperconsommation spirituelle. L'accepter, c'est comprendre que le rapport avec l'autre influence mon rapport au bonheur.

18. *Ibid.*, p. 319.

Dépendant des autres pour être pleinement heureux, mon bonheur est nécessairement fugitif et instable. Sans l'autre, je ne suis rien, avec l'autre je suis à sa merci: le bonheur auquel l'homme peut accéder ne peut être qu'un «frêle bonheur». La leçon est lumineuse: parce qu'on ne peut être heureux seul, nous ne sommes pas maîtres du bonheur[19].

Le bonheur n'est pas à nos ordres. Prétendre le maîtriser par une conscience éclairée est une illusion. Il nous faut vivre avec les autres et accepter que cela implique que le bonheur est imprévisible. La spiritualité n'est pas une clé magique qui ouvre la terre promise d'un bonheur immuable. Ma vie meilleure s'incarne dans une société qui compte d'autres individus qui aspirent eux aussi au bonheur. La société d'hyperconsommation a-t-elle signé l'arrêt de mort des valeurs humaines?

Hyperconsommation et valeurs humaines

L'hyperconsommateur est-il devenu un robot sans âme? Nos relations sont-elles exclusivement marchandes? Pour Lipovetsky, la logique marchande n'a pas tué notre capacité à reconnaître l'autre. Nos rapports aux autres ne se limitent pas à des activités de consommation. La promotion des droits de la personne, le rejet de la violence, la défense des plus faibles animent l'hyper-consommateur. Certes, l'esprit du sacrifice et du «vivre pour autrui» ne sont plus ses idéaux. Toutefois, il est toujours motivé par des valeurs et des comportements altruistes. La société

19. *Ibid.*, p. 321.

d'hyperconsommation se caractérise aussi par une augmentation des organismes d'aide aux défavorisés et des bénévoles. Ce sont les autres et non les choses qui nous apportent le plus de bonheur. L'hyperconsommateur a encore un grand cœur.

> Les voix sont légion qui s'élèvent contre le naufrage d'une civilisation dans laquelle se déchaînent l'égoïsme du chacun pour soi, l'argent-roi, la délinquance, la grande criminalité économique et financière. Ces phénomènes accompagnant l'individualisation extrême de notre époque sont peu contestables. Mais un autre versant existe qui empêche d'assimiler unilatéralement l'hyperindividualisme à un processus décadentiel. La logique des intérêts individuels domine-t-elle? Sans aucun doute. Mais en même temps les élans de solidarité envers les déshérités, les dons versés en faveur des victimes de maladies ou de catastrophes atteignent des sommets[20].

La société d'hyperconsommation n'a pas détruit complètement les valeurs et les principes moraux. Il faut être objectif et sortir du cynisme véhiculé par les médias. L'hyperconsommateur ne s'est pas transformé en bête immorale qui se fout totalement des autres.

> Il faut tordre le cou à l'idée rebattue selon laquelle la consommation-monde est porteuse de délégitimation de toutes les valeurs, de cynisme et de relativisme généralisés. Loin que règne le «tout se vaut», la plupart des individus ont des convictions morales qui s'expriment par des réactions d'indignation ainsi que par différentes sortes de comportements «responsables» ou altruistes[21].

20. *Ibid.*, p. 326.
21. *Ibid.*

Nos idéaux de justice ne sont pas morts. Ils nous servent encore à juger, critiquer et corriger certaines iniquités enchâssées dans la société d'hyperconsommation. L'hyperconsommateur est capable de se mettre en colère pour une injustice que subit son prochain! Finalement, une question se pose, la société d'hyperconsommation aura-t-elle une fin prochaine?

L'après-société d'hyperconsommation

Sommes-nous à l'aube d'une nouvelle société? Pour Lipovetsky, le scénario le plus probable est plutôt l'expansion de la société d'hyperconsommation. La Chine, l'Inde et d'autres pays en émergence emboîtent le pas. La société d'hyperconsommation a infecté la planète. De plus, les menaces écologiques ne changent presque rien à notre rapport aux biens matériels. «Il faut se rendre à l'évidence, la société d'hyperconsommation s'impose comme notre seul horizon, rien n'arrêtera l'expansion de la consommation payante à toutes nos activités, l'omni-marchandisation du monde[22].» Pour Lipovetsky, nous n'avons pas de système de rechange crédible. Notre bonheur continuera de se personnifier dans l'acquisition de biens marchands. Comment sortir de ce marasme? Nous devons impérativement apprendre à trouver notre bonheur ailleurs que dans les biens marchands. Nous devons donner un nouveau sens à notre vie. Voilà notre plus grand défi et notre seul salut.

22. *Ibid.*, p. 312.

La mutation à venir sera portée par l'intervention de nouveaux buts et sens, de nouvelles perspectives et priorités dans l'existence. Lorsque le bonheur sera moins identifié à la satisfaction du plus grand nombre de besoins et au renouvellement sans borne des objets et des loisirs, le cycle de l'hyperconsommation sera clos. Ce changement socio-historique n'implique ni renoncement au bien-être matériel, ni disparition de l'organisation marchande des modes de vie; il suppose un nouveau pluralisme des valeurs, une nouvelle appréciation de la vie cannibalisée par l'ordre de la consommation versatile[23].

Combien de temps cela prendra-t-il? Lipovetsky ne risque aucune prédiction. Pour qu'une nouvelle conscience émerge, il faudra avoir modifié notre manière de concevoir la vie bonne. L'éducation est déterminante. Elle seule peut nous permettre de transformer notre manière de voir le bonheur. Pour Lipovetsky, il faut demeurer optimiste. Comme la société d'hyperconsommation a connu un début, elle connaîtra une fin. « Les anthropologues d'un lointain avenir pourront alors se pencher avec curiosité sur cette civilisation éclairée où *Homo sapiens* rendait un culte à un dieu aussi dérisoire que fascinant: la marchandise éphémère[24]. » Encore faut-il que les futurs anthropologues aient encore une planète habitable!

23. *Ibid.*, p. 335.
24. *Ibid.*, p. 336.

CHAPITRE XIII

Le bonheur à l'ère de la médianomie

Martine Pelletier[1]

Qu'est-ce que la médianomie[2]?

Mise en parallèle avec la problématique du bonheur, la fameuse question de l'influence des médias se devait d'être lancée dans cette partie du collectif. Force est de constater que l'une ne va plus sans l'autre. Le bonheur et les médias sont des éléments

1. Martine Pelletier est professeure agrégée au Département d'études religieuses de l'Université de Sherbrooke depuis plus de douze ans. Sa thèse de doctorat porte le titre « De la médianomie à l'autonomie : explorations éthiques et christologiques de la pensée de Marshall McLuhan ».

2. Médianomie : néologisme que nous avons créé afin d'exprimer l'idée de la détermination de l'existence humaine par l'ensemble des médias. Ce constat veut faire voir à la fois la dépendance médiatique dans l'établissement de normes et de valeurs ainsi que la menace qui plane sur l'autonomie individuelle et collective. La détermination des médias (la médianomie) reste l'idée maîtresse de McLuhan (bien qu'il n'ait jamais utilisé cette expression), elle lui sert à présenter toutes les modulations comportementales ou structurales de l'être humain et de son milieu qui intègrent, souvent à leur insu, les impacts déterminants des médias.

imbriqués comme des siamois dont la survie des uns semble dépendre de celle de l'autre. Le bonheur est médianomisé, c'est-à-dire qu'il est lui aussi déterminé par l'appropriation qu'en ont faite les médias en cette ère de l'électronique.

Parler de médianomie ou de détermination médiatique aujourd'hui semble être devenu une évidence. Nous avons intégré de manière telle les médias dans le quotidien de l'existence humaine qu'il nous serait d'ailleurs difficile d'imaginer le monde sans eux. Du Bédouin qui planifie ses déplacements dans le désert avec l'aide de son téléphone portable jusqu'à l'écolier qui fait l'apprentissage de l'écriture sur son clavier d'ordinateur, une panoplie d'intermédiaires électroniques se sont installés dans l'ordinaire de la vie. Nous sommes désormais à l'ère de la médianomie.

C'est au parcours de la pensée de Marshall McLuhan[3] que nous soutenons cette idée. Ce grand Canadien qui a marqué l'analyse des médias, surtout pendant les années 1950 et 1960, n'avait surtout pas comme objectif de les critiquer, mais cherchait plutôt à mieux comprendre leur fonctionnement afin de tenter d'échapper à leur emprise, emprise qu'il avait si bien anticipée. Il définissait les médias au sens large, c'est-à-dire entendus comme des

3. Herbert Marshall McLuhan (21 juillet 1911-31 décembre 1980) était un Canadien, professeur de littérature anglaise et spécialiste de l'analyse des médias. On connaît sa formule: « Le médium c'est le message » ainsi que l'idée du *village global* créé par les médias électroniques. Grands titres de son œuvre: *The Mechanical Bride: Folklore of Industrial Man*, New York, Vanguard Press, 1951, 157 p.; *La galaxie Gutenberg. La genèse de l'homme typographique*, traduction française de Jean Paré, Montréal, Hurtubise HMH, coll. « Constantes », vol. 9, 1967, 428 p.; *Pour comprendre les médias*, traduction française de Jean Paré, Montréal, Hurtubise HMH, 1971, 390 p.

prolongements des sens, du corps et des idées. Ils sont des arte-facts humains, des prolongements ou extensions (ex-tensions) artificiels de l'existence sensorielle. Par exemple, le vêtement est le prolongement de la peau, le crayon celui de la main, l'ordina-teur prolonge le cerveau, etc. Les médias ont donc des extensions au-delà du monde de la communication, de l'information et du divertissement. Les médias sont eux-mêmes des extensions qui dégagent de certaines pressions, c'est-à-dire qu'ils facilitent la production tout en réduisant les efforts physiques et mentaux. Ils permettent de communiquer rapidement au-delà des limites de l'espace et du temps, de se déplacer dans l'univers, bref, de pré-voir, contrôler, maîtriser, etc., dans un maximum de confort et avec un minimum d'efforts. On peut penser que le génie humain s'est appliqué, depuis la nuit des temps, à éviter le plus possible les tensions «énergivores» et à rechercher le plus possible l'effi-cacité. Curieusement, le bonheur ne prend-il pas justement des allures de satisfaction rapide, de recherche d'identité dans la performance, dans la consommation prometteuse de bonheur effectif et efficace? D'autres rapprochements sont possibles fai-sant ainsi émerger de nouvelles représentations du bonheur dans notre culture des valeurs marchandes et technologiques. Faire voir l'importance capitale de l'appropriation et de la compréhen-sion des effets des médias qui modulent la vie humaine, voilà notre objectif. Car nous y percevons une menace latente pour l'autonomie, la conscience et la responsabilité personnelles et collectives. Il en va de même pour le bonheur.

«La raison d'être de toute mon œuvre est de transmettre ce message: c'est en comprenant que les médias sont un prolongement

de l'homme que nous nous mettrons en état de les contrôler[4].»
McLuhan appelle à un éveil de la conscience et à l'exercice d'une
certaine vigilance afin de dégager l'être humain de l'influence de
son environnement médiatique. Ce recul permet d'adopter une
position critique dans cet univers en mouvement. À l'ère électronique, la nouvelle stabilité c'est le changement, ainsi qu'il
l'avait d'ailleurs prédit.

Dans cette époque de changement perpétuel qu'est la nôtre, on
peut concevoir que la représentation du bonheur soit devenue une
réalité très changeante. Elle se transpose du monde des valeurs
au monde matériel. Le bonheur est évoqué dans un parfum, une
voiture, une boîte de craquelins, une fleur, un placement financier, un courriel, un soleil couchant, un sourire, une franche
camaraderie, un câlin, un soupir d'apaisement, il est multiplié en
diverses représentations sociales. Ces condensés d'idées sont
créés au gré des nouvelles réalités matérielles, relationnelles et
conceptuelles intégrées par la société. Dans le mouvement du
changement qui ne cesse de s'accélérer, le bonheur semble avoir
adopté, sous cette pression, les contours de l'éphémère au détriment de la durée.

Qu'est-ce qu'une représentation sociale ?

Il s'agit d'une combinaison d'éléments disponibles dans un
milieu précis ou une culture donnée. Denise Jodelet, psycho-
sociologue réputée, a présenté une organisation de ces éléments

---

4. Marshall MᶜLᴜʜᴀɴ, *D'œil à oreille*, traduction française de Derrick de
Kerckhove, Montréal, Hurtubise HMH, coll. «Constantes», 1977, p. 72.

ambiants en définissant les représentations sociales comme des « structures complexes dans lesquelles se retrouvent des croyances, des valeurs, des opinions, des images et des attitudes[5] ». Il s'agit donc du cœur d'une société, de ce qu'il faut savoir décoder. Mieux saisir les valeurs qui sont véhiculées, les opinions qui circulent, les croyances, entendues au sens large — pas seulement celles qui sont reliées à des traditions religieuses —, les attitudes adoptées à travers les images qui nous inondent, c'est, en quelque sorte, s'approcher de l'essentiel par le biais de ce qui peut sembler éphémère et artificiel, mais qui au fond est une sorte de concentré à partir duquel carbure une société. Ces composantes exigent un savoir, une connaissance permettant d'interpréter la « réalité » qui est commune à des individus appartenant à un même groupe et qui est transmise à travers les médias.

C'est en s'interrogeant sur ce combustible qu'il est possible de mieux saisir et interpréter certains éléments fondateurs d'un groupe social donné. Pour y parvenir, il faut toutefois faire montre d'esprit critique, mais surtout avoir la capacité de prendre ses distances par rapport à ses propres références transcrites d'ailleurs par les médias. En d'autres mots, c'est en observant les médias, dans toutes leurs modalités, que nous pouvons arriver à comprendre ce qui s'exprime dans les représentations sociales ambiantes. La publicité, le cinéma, la poésie, la vidéo, etc., sont des médiums qui transportent de précieux indicateurs au sujet de notre compréhension du monde, de notre manière de vivre

5. Denise JODELET, « Représentations sociales : un domaine en expansion », dans P. MANNONI, *Les représentations sociales*, Paris, PUF, 1998, p. 121.

nos relations, de notre représentation des grandes questions existentielles, particulièrement celle du bonheur.

Une image de pochette de livre, une annonce à la radio, un texte de chanson, une publicité, etc., sont aussi des matériaux qui peuvent nous servir à cerner les composantes d'une représentation sociale. Les représentations sociales construisent une culture, une société, un groupe, un individu. De plus, elles sont des réalités dynamiques toujours en quête d'identité ou de définition. On peut penser qu'elles contribuent à la construction des représentations de la vie heureuse. Alors, le bonheur serait une représentation sociale?

Le «génie» de certains médias, c'est qu'ils savent manier certains archétypes qui sont des représentations anciennes en les intégrant dans les représentations sociales du bonheur. Les médias en sont d'excellents vecteurs. Par exemple, les archétypes fondateurs comme la fusion initiale ou le paradis perdu se traduisent, en matériel publicitaire, par la valorisation de la recherche d'harmonie intérieure et de quête d'identité. Il suffit de regarder les promotions publicitaires pour constater qu'elles en font leur principale vitrine.

La publicité, origine de tous les vices?

«À force de voir faire, on fait comme on voit, ainsi la publicité c'est la normalité[6].» C'est effectivement une déclaration déran-

6. François BRUNE, *Le bonheur conforme. Essai sur la normalisation publicitaire*, Paris, Gallimard, 1985, p. 242.

geante de François Brune[7], grand analyste de la société, de la
publicité et des médias. La publicité semble avoir installé un
grand mouvement de normalisation des caractéristiques de la
vie. Elle tente d'uniformiser les aspirations humaines et valorise
un monde fusionnel où le soi, les autres et le monde ne forment
plus qu'une seule et même entité. Il faut être et avoir, comme les
autres, voilà le credo de la publicité. Elle est le médium le plus
explicite des principes d'une représentation sociale. Elle est aussi
l'exemple le plus criant de l'appropriation du bonheur par les
médias. Depuis ses tout débuts, la publicité s'est faite le porte-
parole officiel de la vie heureuse standardisée et uniformisée. Elle
a d'abord voulu contribuer à créer un monde de plaisir, de facilité, de temps pour vivre heureux. Elle s'était donné comme rôle
ultime de faire naître chez le public le désir de se procurer le
fameux «bonheur» promis par la réclame et enfin accessible. Elle
a su trouver des arguments convaincants dans l'unique intention
de faire s'écouler les nouveaux produits sortant des usines en
quantités astronomiques. Elle a ainsi participé à l'émergence de
la société de consommation en utilisant le bonheur comme

7. François Brune, de son vrai nom Bruno Hongre, né en 1940, est un
professeur et écrivain français diplômé des HEC et agrégé de lettres. Nous
vous suggérons les ouvrages suivants: *Le bonheur conforme. Essai sur la normalisation publicitaire*, Paris, Gallimard, 1985; *Les médias pensent comme moi!
Fragments du discours anonyme*, Paris, L'Harmattan, 1997; *Sous le soleil de Big
Brother. Précis sur «1984» à l'usage des années «2000»*, Paris, L'Harmattan,
2000; *De l'idéologie, aujourd'hui*, Lyon, Parangon, 2003; *Médiatiquement
correct!*, Lyon, Parangon, 2004. Il faut lire certains de ses articles publiés dans
Le Monde diplomatique disponibles sur Internet: <http://fr.wikipedia.org/
wiki/Fran%C3%A7ois_Brune>.

appât. Elle s'est donc ingéniée à proposer des univers de bien-être, de confort et de nouveauté, jusqu'au point culminant de l'absorption de ces valeurs au sein de cette même société. Ce cap franchi, elle a ensuite modifié sa stratégie tentaculaire pour devenir une grande catalyseuse des valeurs humaines dominantes en extrayant et récupérant ce précieux minerai de cette même société. Cet inestimable gisement que sont les valeurs dominantes d'une culture, d'un milieu, d'un groupe, est devenu le lieu où s'attise continuellement le désir de bonheur et où se définit cette grande quête identitaire qui caractérise désormais notre époque. Il offre aussi un nouveau souffle et une nouvelle emprise au monde de la publicité.

Réduire, frustrer, érotiser, aliéner, récupérer, conditionner et infantiliser, voilà les sept armes du « dressage publicitaire », selon l'expression de François Brune. En effet, l'invasion publicitaire sait :

- *Réduire* la personne à ses seuls désirs à combler sans délai, tel le bonheur proposé qui semble si simple et facile d'accès, tout comme un parfum de lilas dans les draps ;
- *Frustrer*, faire naître le manque ou le sentiment que quelque chose manque, que le bonheur ne peut être complet sans ce tout nouveau produit ;
- *Érotiser*, grande séductrice, la publicité suscite l'éros qui nous habite tous, en le réduisant à sa simple pulsion, le désir-r-r-r ;
- *Aliéner* l'esprit critique et occuper la place par des stratégies de conviction et des arguments concluants (« vous le méritez bien ! ») ;
- *Récupérer* ce qui fait du sens (les valeurs dominantes) et l'introduire dans le contenu persuasif ;

- *Conditionner* à force de répétition et de martèlement à un rythme, dit-on, de 2 500[8] publicités par jour ;
- *Infantiliser* par des images simples, des phrases et des mots simples, des représentations sociales toutes élémentaires, mais surtout en cherchant à lever les inhibitions pour laisser toute la place aux pulsions consommatrices.

Nous ne soutenons pas que la démarche publicitaire soit infaillible. Cependant, il est bon d'être conscient de ses modalités de fonctionnement de façon à pouvoir la déjouer. C'est d'ailleurs un exercice fort amusant et instructif que de tenter de débusquer les stratégies dans l'une ou l'autre réclame publicitaire.

Une autre grande force de la publicité est de mythifier les produits et les marques. Créer des mythes, c'est faire en sorte que les marchandises et les étiquettes commerciales présentées incarnent certaines forces de la nature, ou certains aspects de la condition humaine. Ainsi se profilent des représentations sociales idéalisées de l'état fictif ou réel de l'humanité passée, présente ou future. C'est en quelque sorte donner une âme à un label, c'est transférer des ambitions, des désirs pulsionnels dans une étiquette qui permet au public d'accéder à une identité rêvée, souvent retenue et non avouée. Le célèbre crochet sur la chaussure de sport

---

8. Ce chiffre n'est pas scientifiquement vérifié. Mais nous pouvons penser qu'un individu vivant dans une grande ville, commençant sa journée par la lecture du journal, l'écoute de la radio, sans compter les panneaux publicitaires qui jalonnent son chemin vers le bureau ou qui sont posés sur les murs des stations de métro, etc., qui dîne au resto et qui termine sa journée par quelques heures de télé en feuilletant un magazine, aura sans doute ingéré à son insu un nombre impressionnant de publicités, et ce, en une seule journée ! Un enfant américain voit 40 000 spots publicitaires dans une seule année !

rappelle simplement : « Vas-y ! Fais-le ! » Ce qui peut aller jusqu'à établir une relation affective avec son produit favori. Bref, la publicité, c'est le bonheur en capsule.

Une image vaut mille mots/maux

Nous sommes, à n'en plus douter, à l'ère de l'image. Marshall McLuhan soulignait que nous sommes passés, dans l'histoire, des cultures orales aux cultures visuelles, c'est-à-dire de l'oreille à l'œil. Dans une culture du visuel, tout se passe dans le visible, le voir, le vu. La force de l'image est attribuable à la disposition visuelle de notre culture.

Le XXᵉ siècle, avec, entre autres, l'avènement de la publicité, est passé maître en la matière. Toutes les surfaces publiques se transforment en plate-formes publicitaires où l'œil est la première cible. Créer un choc physiologique, une secousse psychologique, maintenir l'attention, acquérir la conviction et la détermination d'achat, tout cela par le moyen de l'image et d'un slogan qui devient synthèse et condensé de bonheur. Voilà les facettes du processus psycho-publicitaire[9] qui ne sont plus des secrets. Nous pouvons ajouter à cette liste un aspect plus récent, qui est celui du grand souci de la fidélisation de la clientèle. Conquérir une clientèle c'est une chose, mais la garder en est une autre dans un marché compétitif où se multiplient les produits. D'où l'importance de créer des liens affectifs et identitaires avec la marchandise

---

9. Bernard DE PLAS et Henri VERDIER, *La publicité*, Paris, PUF, coll. « Que sais-je », 1964, p. 126.

en la chargeant de valeurs et de traits humains. En lui attribuant donc une auréole mythique.

Spontanéité, simplicité, sensualité, liberté, etc., le bonheur emprunte une série de masques (par opposition à visages) à travers les slogans et les images de la construction publicitaire. Du yogourt à la maison de rêve, peu importe la forme matérielle, le désir de bonheur avec un grand B est entretenu à grands frais. Malgré tous les efforts mercantiles, force est d'admettre que l'effet obtenu n'est pas toujours celui qu'on attendait. À force de comparer son petit bonheur avec celui présenté par le marché publicitaire, on risque de faire naître en soi une profonde déception qui pousse à vouloir parfaire à outrance sa vie heureuse. Et les occasions ne manquent pas. C'est ce qui explique le succès, entre autres, des livres traitant du bonheur avec toutes leurs méthodes faciles, leurs techniques indéfectibles et leurs réponses aux questions existentielles posées depuis l'aube des temps. Dire qu'il aura fallu attendre le XXIe siècle pour trouver enfin des répliques aux grands philosophes de l'Antiquité. C'est dire combien notre époque devrait être la plus heureuse ! Et pourtant, tant de gens n'y trouvent pas le réconfort et les réponses attendus malgré tous les efforts déployés et les sommes dépensées en crèmes rajeunissantes, en cures de santé, en sessions de croissance, etc. On semble avoir abandonné la vie réelle comme lieu porteur de repères de contentement au profit de la vie artificielle soutenue par la publicité. Avons-nous à ce point abdiqué ? Osons penser autrement !

Des moyens de se libérer du message dominant du bonheur à consommer

Voici un certain nombre de moyens propres à ouvrir la conscience sociale et individuelle à la réalité de la publinomie[10], c'est-à-dire, vous l'avez compris, du déterminisme de la publicité.

Image présentée et image regardée

C'est par l'examen de l'image présentée que le passage vers l'éveil du jugement peut s'établir. Ce qui transformera l'image présentée en image regardée. Ce type de lecture permet de cerner certains impacts des images sur nos sociétés.

Les images révèlent les désirs et les aspirations d'une société, puisque c'est à partir de ces derniers qu'elles se construisent. La publicité porteuse de bonheur prend son souffle à travers le matériel ambiant disponible. Mais d'où provient ce matériel? de l'imaginaire des équipes de publicistes? de ce qui est perçu comme valeurs dominantes, comme tendances? L'image présentée nous fascine parce qu'elle nous ressemble et nous rejoint. Elle est le prolongement de nos traits de caractère, de nos grandeurs et de nos petites misères. Elle accompagne les aspirations ambiantes beaucoup plus qu'elle n'en suggère de nouvelles. Elle soutient nos quêtes d'existence en la réduisant à sa plus simple expression : consommer l'« objet du bonheur » pour se sentir exister.

---

10. Nous avons créé ce néologisme pour servir la cause du propos. Encore un !

Le bonheur est ainsi devenu une affaire narcissique où l'envie folle d'être heureux alterne avec la frustration de voir qu'on n'est que ce que l'on est, c'est-à-dire des personnes qui oublient leurs grandeurs, trop tourmentées par leurs limites. L'image du bonheur présentée par la publicité et l'ensemble des médias ne laisse aucune place à la réflexion. L'image présentée réduit la réalisation de soi à une course folle et perdue d'avance vers une félicité idéalisée et toujours mobilisatrice. Elle prétend étendre nos limites, ou du moins elle nous incite à ne pas nous y laisser enfermer.

L'image regardée, pour sa part, fait référence à notre capacité d'installer une distance par rapport à l'image présentée. Lorsque la distance s'installe peu à peu et que l'image présentée devient notre objet d'analyse, l'image offerte par les médias est remplacée par celle qui est suscitée par notre regard analytique. Ce déplacement de l'attention devrait nous permettre de comprendre ce qui cherche à s'infiltrer en nous (valeurs, croyances, attitudes, opinions).

Prenons l'exemple d'une œuvre d'art présentée lors d'une exposition en Australie. On voit une femme qui regarde une œuvre d'art intitulée *La fille aux nouilles*. L'œuvre présente un personnage qui est assis dans un grand bol et qui regarde la télévision en mangeant des nouilles avec des baguettes. *La fille aux nouilles* faisait partie d'un ensemble d'œuvres traitant du thème «Manger». Tout nous porte à penser qu'il s'agit d'une allégorie à l'autophagie, c'est-à-dire au fait de se «manger» soi-même, à l'autoconsommation. Cela est un effet très peu analysé dans le rapport avec les médias. Nous consommons ce qu'ils nous présentent comme images, cela est bien connu, mais ces images sont de quelle teneur? Quels sont leurs contenus? Que regardons-nous à travers ces images qui nous inondent et nous rappellent sans cesse l'importance de vivre heureux? Qu'est-ce qui fascine tant dans ces médias? S'agit-il bien de nous-mêmes? Nous avons tendance à oublier que nous faisons partie du plat de nouilles...mais qu'il est aussi possible d'observer le plat de l'extérieur, tout comme la visiteuse du musée.

Le médium, c'est le message

«Le médium, c'est le message», comme dit Marshall McLuhan. Cette célèbre formule peut sans doute nous aider à comprendre le monde de la publicité. Dans notre culture du visuel, la forme retient davantage l'attention que le contenu. Autrement dit, la forme est le message plus que le contenu, c'est-à-dire que la forme a plus d'impact et d'influence sur l'échelle des comportements. Mais puisque les médias sont nos prolongements, nous en sommes le contenu, donc également le message. Voilà ce qui nous attire tant. Nous y contemplons tous notre image, comme Narcisse. Il faut comprendre ici que, tout comme la fille aux nouilles, la personne qui utilise un média est en quelque sorte son contenu.

Ainsi donc s'est profilée une panoplie de supports médiatiques au bonheur. Citons-en un certain nombre: support aux problèmes de santé (guéris ou aggravés) «grâce» à Internet; support pour se sentir bien chez soi (la décoration intérieure selon son profil et ses aspirations); support pour trouver une identité et se distinguer (vêtements griffés); support pour éprouver un sentiment de liberté et de pleine maîtrise, voire de symbiose avec la nature (voiture de luxe), etc. En consommant un produit, je deviens donc le message.

Toute quête de bonheur est désormais accessible grâce aux ex-tensions de nos désirs. Depuis les temps les plus anciens, l'humanité s'est servie du fabuleux monde matériel pour satisfaire ses désirs. Ce qui nous distingue aujourd'hui, c'est l'infusion du bonheur dans la matérialité des aspirations disponibles, principal lieu où il est désormais recherché. Le bonheur est sorti de l'être humain et s'est ex-tension-né dans les créations médiatiques, ses artefacts de valeurs et d'expériences.

Comment se distancier de nous-mêmes ? Telle est la grande question. Savoir prendre du recul est la nouvelle habileté sur laquelle l'humanité doit maintenant miser. Bien que cette idée soit à contre-courant parmi le flot dominant qui cherche à engourdir cette capacité, c'est en tentant l'expérience du questionnement des images présentées qu'une brèche est possible où l'espace réflexif si capital, voire impératif peut naître.

Questionner l'image/pub (exercice)

C'est par le questionnement de certaines caractéristiques de l'image/pub qu'il est possible d'y parvenir. Voici quelques autres exemples de pistes d'exploration : de quoi l'image/pub traite-t-elle ? Un simple bilan des éléments du contenu ouvre déjà la prise de conscience. À quoi l'image/pub renvoie-t-elle ? Recherchez des indicateurs de valeurs ou de référence à des croyances populaires. Qu'est-ce qui attire mon attention ? Voir en quoi la publicité touche des éléments d'ordre personnel. Que suggère-t-elle comme forme de bonheur ? Les slogans sont souvent vecteurs de ce type de message. Quelles pensées spontanées suscite-t-elle? Tirez vos conclusions selon la collection de réponses aux questions précédentes. Cet exercice peut facilement être bonifié par vos propres questions.

L'intention est d'en arriver à se placer devant une publicité, tout comme l'auteur du célèbre tableau *La trahison des images* (1928-1929), René Magritte[11], et d'être capable d'affirmer: ceci n'est pas le bonheur! Mais bien plutôt: ceci est une représentation du bonheur.

En effet, le mirage de la publicité confond le bonheur et le produit, alors que le bonheur n'est pas dans le produit, mais bien dans l'espace symbolique chargé des valeurs dominantes provenant de la culture ambiante. Et c'est cet espace qui doit retenir l'attention. «L'autonomie de comportement dépend de l'existence d'un point de vue déterminé[12]», affirme McLuhan.

Sept attitudes de résistance

François Brune réalise tout un travail de déconstruction de la société de consommation influencée et supportée en large partie

11. René Magritte, peintre belge surréaliste né le 21 novembre 1898 à Lessines et mort à Bruxelles le 15 août 1967. Ses peintures jouent sur le décalage entre un objet et sa représentation. Par exemple ce tableau célèbre est une image de pipe sous laquelle figure le texte «Ceci n'est pas une pipe». Pour expliquer le sens de cette œuvre, Magritte a déclaré ceci: «La fameuse pipe, me l'a-t-on assez reprochée! Et pourtant, pouvez-vous la bourrer, ma pipe? Non, n'est-ce pas, elle n'est qu'une représentation. Donc si j'avais écrit sous mon tableau "ceci est une pipe", j'aurais menti!»

12. Marshall McLuhan, *La galaxie Gutenberg* [...], p. 47.

par la publicité. Il suggère de faire le passage vers une société de modération, de sobriété et de tempérance. Tous des antonymes de la consommation. Il propose sept attitudes de résistance[13] :

- *réhabiliter l'immobilisme*, c'est s'opposer à l'idéologie du progrès en cessant de courir derrière la nouveauté ; le progrès, ça s'arrête ;
- *réapprendre le Désir dans son émergence profonde comme dans sa limitation nécessaire*, c'est supprimer le besoin de besoins et l'envie d'envies ;
- *savoir dire non, se faire joyeusement le rabat-joie de l'euphorie publicitaire*, c'est briser le consensus général sur le mouvement de consommation ;
- *désacraliser le produit héros*, c'est s'opposer au culte du produit et briser le lien affectif aux marques et aux étiquettes ;
- *oser vivre des joies qui ne se voient pas, qui ne semblent pas « conformes »*, c'est s'opposer au bonheur normalisé ;
- *éradiquer la pulsion consommatrice*, c'est résister aux impatiences dévoratrices ;
- *remettre au premier plan les valeurs humanistes, affirmer la primauté de ces valeurs sur tout autre objectif, notamment technique ou économique*, c'est s'opposer à l'extinction des valeurs.

Conclusion

Ces attitudes à adopter ont comme point commun la capacité d'accepter le manque plutôt que de chercher continuellement à le combler, c'est-à-dire de déjouer le pseudo-manque affiché dans

13. François BRUNE, « Pour une société de frugalité : quelques lignes de position », dans *De l'idéologie aujourd'hui*, Paris, Parangon, 2005, p. 163-169.

les courants promotionnels de consommation. Il s'agit d'apprendre à vivre le manque comme une occasion de questionnement sur les options fondamentales qui animent l'espace privé et public. C'est offrir une chance au bonheur de se présenter tel qu'il est et peut devenir, à savoir comme plénitude et contentement, mais aussi comme absence signifiante. Et dans cette absence choisie, mûrie et assumée, découvrir le vrai visage du bonheur.

CHAPITRE XIV

Chercher le bonheur : sortir de soi pour aller vers les autres

Anne-Marie Lemay[1]

Introduction

Dans le film *Le fabuleux destin d'Amélie Poulain*, le bonheur se trouve dans la résistance de la cuillère sur le caramel cristallisé d'une crème brûlée, ou dans la sensation d'une main qui se glisse dans un sac de pois, ou encore lors d'une séance de ricochets sur une rivière. Des bonheurs simples comme « une maison chaude, du pain sur la nappe, des coudes qui se touchent[2] » autour d'une table, et qu'on apprécie tant. Mais si par malheur ou par manque de temps, on n'est pas assez attentif dans ces moments de bonheur, on risque d'être un éternel insatisfait. Nous vivons dans une société qui carbure au devoir de bonheur continuel. Pascal Bruckner[3] parle même d'un stupéfiant collectif. La notion de

1. L'auteure est professeure de sociologie au Cégep de Sherbrooke.
2. Félix Leclerc.
3. Pascal BRUCKNER, *L'euphorie perpétuelle : essai sur le devoir de bonheur*, Paris, Librairie générale française, 2002, 280 p.

bonheur, tout comme celle de folie, est indissociable de la société dans laquelle elle est interprétée. N'a-t-on pas dans nos vies élevé le bonheur au rang d'une idéologie ? Sommes-nous honteux de ne pas le trouver ? Le bonheur parfait, nous le savons, c'est de l'utopie ! Mais être totalement heureux ne voudrait-il pas aussi dire d'arrêter de chercher ce bonheur en soi ? Est-ce synonyme de manquer sa vie que de ne pas pouvoir affirmer : « Tiens, v'là le bonheur » ? Ne plus chercher le bonheur, est-ce arrêter de se questionner ? Ne plus agir ? Sommes-nous dans une quête sans fin ?

Le bonheur est relatif et subjectif, il ne peut être défini qu'en fonction de sa propre quête, de sa propre recherche. Comme la liberté, le bonheur n'a aucun lien avec faire ce qu'on veut quand on veut. Ces concepts abstraits demandent de tisser des liens sociaux. Il faut être au moins deux pour être libre et heureux, pour mettre en place des règles et des normes de vie satisfaisantes pour chacun. Sartre affirme que la liberté, c'est de choisir ses contraintes. Ne pourrions-nous pas affirmer la même chose du bonheur ? Dans une entrevue accordée à Stéphan Bureau[4], Jacques Attali parlait d'une sorte d'égoïsme-altruisme où j'ai intérêt au bonheur de l'autre qui pourrait aller plus loin ; je trouve mon bonheur dans le bonheur de l'autre. Le bonheur comme immatériel. Par exemple, une mère a intérêt au bonheur de son enfant. Le bonheur de l'autre qui nous permet d'aspirer à notre propre bonheur, soit sorti de la sphère individuelle pour le trouver dans la sphère collective. Voilà l'objectif à peine voilé de cette réflexion.

4. *Contact. L'encyclopédie du savoir*, Télé-Québec, <www.contacttv.net>.

Si ça fait ton bonheur!

On n'a qu'à se rendre dans une librairie à la recherche du bonheur pour se trouver face au rayon proposant l'introspection psychologique et diverses tendances spirituelles et ésotériques comme clé de voûte de notre quête. Nous sommes à l'heure du bricolage de croyances, de la concoction de recettes pour les corps et de bouillon d'âme en passant par le jardinage de notre intérieur. La société du loisir prend tout son sens dans cette quête. Différents moyens afin de voir émerger en nous un éclat de vie, une lueur de joie. Ce bonheur passe donc par la création de sa légende personnelle[5], une décoration feng shui[6], des anges gardiens valeureux[7] qui nous protègent, des désirs lancés à l'univers[8], des habitudes de vie bio, des amis avec qui on échange des énergies[9], une famille comprise, et surtout pardonnée. Il y a donc une demande pour le bonheur et l'offre pour y répondre est forte et diversifiée : potion magique, boîte à outils, chakras colorés, responsabiliser son bonheur, etc. Le tout, recouvert du vernis de slogans tels : « si tu veux, tu peux ! », allez, il faut être heureux !, « vas-y, fais-le pour toi[10] ! »

5. Paolo COEHLO, *L'Alchimiste,* Paris, Livre de poche, 2001.

6. David D. KENNEDY, *Le feng shui pour les nuls,* Paris, Éditions First, 2002, 200 p.

7. Doreen VIRTUE, *Anges 101,* Éditions Ada, 2003, 130 p.

8. Rhonda BYRNE, *The Secret*, New York, Simon & Schuster, 2007.

9. Édouard FINN, *Les chakras et le corps subtil*, Montréal, Éditions Quebecor, 2003, 175 p.

10. Slogan du bonhomme bleu de la campagne du gouvernement du Québec visant à favoriser l'activité physique.

Loin de moi l'idée de ne pas prendre au sérieux cette quête individuelle du bonheur de mes contemporains. Au contraire, cette souffrance, cette recherche me questionnent et me provoquent, étant une sceptique convaincue de ces tendances spirituelles. Je regarde en fait cette littérature avec intérêt, car elle représente un courant lucratif important de notre époque.

Depuis le XIXᵉ et le XXᵉ siècle, l'individu ne cesse de prendre une place de premier plan dans la considération du monde. Il a conquis politiquement le droit au bonheur, une émancipation qui est devenue dans les années 1960 un diktat : le devoir du bonheur. On lui impose d'être authentique, de développer son potentiel au maximum et d'être heureux. L'injonction au bonheur mène l'individu à une quête sans fin dans les dédales de son moi intérieur. Il s'y perd, certes, car le moi intérieur se décline au pluriel. Je suis une travailleuse ayant des compétences d'un certain ordre, je suis une femme en relation ayant un rôle différent à jouer, je suis une petite sœur pour mes grands frères qui ne cessent de me le rappeler, je suis une amie qui aime fêter. Mes différents moi s'articulent autour de ma globalité qui fait de moi une PME à gérer, *Moi inc.* Je dois jouer mes différents rôles sociaux, telle une comédienne, sans me tromper de réplique. En plus, j'ai écrit mes rôles sans trop vouloir m'en faire imposer. J'ai le désir de me créer en étant la norme et le but de tout. Quelquefois, je ne sais plus mes répliques, quelquefois, je ne sens plus un de mes rôles, quelquefois, pour reprendre la belle formule d'Ehrenberg[11], j'ai la fatigue d'être moi !

11. Alain EHRENBERG, *La fatigue d'être soi*, Paris, Odile Jacob, 1998, 448 p.

Un homme et sa destinée

Nous sommes dans ce culte de soi qui nous pousse à désirer un mode de vie hédoniste, individuel et matériel. La réalisation de soi passe par une quête de l'exaltation des sens, un développement personnel optimal, une utilisation du temps libre structuré et une pleine exploitation de son potentiel. C'est la poursuite du rêve américain qui est non seulement associée aux choix, à la liberté, mais aussi à la possession et au plaisir. L'éloge de la consommation, de la réussite dans des milieux professionnels, de la performance dans le sport, de la vie saine et en santé nous dépasse souvent.

> Transformé en devoir, le bonheur se réduit à un ensemble de satisfactions qu'il convient de vivre à tout prix, de besoins qui doivent être comblés pour ne pas enfreindre les obligations sociales. La réalisation d'un bonheur individualiste conditionne toute l'éthique sociale[12].

Personne ne nous empêchera d'aller au bout de nous-même. Il est même à la mode d'être débordé et épuisé. Afin d'être le plus efficient possible, il faut des *coachs* de vie, selon la nouvelle mode dans les milieux aisés. Dans cette mouvance, certains sont si épuisés de rechercher la performance qu'ils tombent dans l'autre extrême : manquer sa vie ! L'écrivain Dominique Noguez a publié *Comment rater complètement sa vie en onze leçons*[13]. Il affirme

12. Michel FAUCHEUX, *Histoire du bonheur*, Paris, Philippe Lebaud, 2002, 245 p.

13. Dominique NOGUEZ, *Comment rater complètement sa vie en onze leçons*, Paris, Payot, 2002, 234 p.

que c'est tout sauf intéressant, des gens qui réussissent! Être performant, n'est-ce pas faire preuve du plus grand conformisme à l'égard des règles de la société?

Une société qui permet autant est une arme à double tranchant. Nous ne sommes plus à l'époque où le destin était tracé dès la naissance. Nous sommes à l'époque du *self-made man*. Ce qui veut dire que je suis artisan de ma vie. J'ai aussi le sentiment que, si je veux changer la société, il est possible de le faire. Actuellement, j'ai la possibilité de remettre en question mon orientation sexuelle, je peux devenir artiste-peintre et pratiquer le bouddhisme en subissant moins de pressions sociales qu'autrefois.

Une société qui a des normes floues a aussi des repères flous. Tout prendre sur ses épaules et tout gérer soi-même entraîne précisément cette fatigue d'être soi et le recours à différents produits miracles comme la pilule du bonheur. Justement, la maladie du siècle est la dépression. L'Organisation mondiale de la santé prédit que la dépression deviendra la principale source d'incapacité dans les pays développés d'ici 2020[14]. Sans parler du suicide[15]. Dans sa célèbre étude, Durkheim affirme qu'il y a un péril à un trop grand affranchissement du milieu social. On s'entend pour dire qu'une société dépressive et suicidaire est le contraire d'une société heureuse!

14. Selon les estimations, 121 millions de personnes souffrent actuellement de dépression dans le monde et, chaque année, 5,8 % des hommes et 9,5 % des femmes connaissent un épisode dépressif. Ces chiffres varient néanmoins selon les populations.

15. En 2002, 1362 Québécois ont mis fin à leur vie (1 067 hommes et 295 femmes).

La nostalgie du passé

Dans le contexte actuel, un réflexe normal, s'il en est un, est la nostalgie des modes de vie plus traditionnels, plus solidaires, plus collectifs. Ce rêve d'une vie remplie de liens sociaux, de grandes familles unies, de nombreux enfants, occulte les implications qui s'ensuivent. Dans la société traditionnelle, les institutions (Église, gouvernement, famille) avaient un tel pouvoir qu'elles contrôlaient jusqu'au nombre d'enfants que les femmes devaient avoir. Je me souviens de ma grand-mère qui ne pouvait plus aller à la confesse car elle empêchait la famille. Elle a eu deux enfants avec un homme qui buvait et qui rapportait peu de pain sur la table. Cette femme a subi la pression de la religion et aussi de ses pairs. Dans ce type de société, les normes sont si fortes qu'il est difficile de croire qu'on peut changer les choses.

Aussi, cette vie collective est associée à une négociation constante des libertés individuelles, des choix égoïstes. Qui est prêt à ne pas avoir l'emploi de rêve dans une autre ville ou à partager son salaire avec un membre de sa famille dans le besoin? La chanson populaire *Dégénération* du groupe Mes Aïeux semble justement être une réflexion sur ces modes de vie si différents et sur des transmissions de valeurs échappées. N'y a-t-il pas là aussi une nostalgie du temps passé qui résonne comme un refuge de notre malaise et de nos angoisses actuelles? Cela amène à penser que ce désir de retour à des valeurs collectives jugées plus vraies est certes compréhensible, mais pas toujours réaliste, dans le contexte et dans l'époque où l'on vit.

L'illusion des pôles

Si, d'un côté, il y a la liberté totale, l'individualisme et, de l'autre côté, la contrainte de la tradition, de la collectivité, consciemment, on se dit que les extrêmes ne permettent pas la plénitude du bonheur. On est à même de se demander : quel est le juste milieu dans tout cela ? C'est ce que l'on cherche : des liens sociaux assez forts, mais pas trop contraignants, un nombre raisonnable de possessions, du temps pour vivre, une qualité de vie, etc. C'est donc à chacun de nous de trouver les bonnes mesures de la recette du bonheur. C'est à ce moment que les valeurs de chacun jouent un rôle. Elles permettent en effet de poser un regard critique sur les obligations sociales et économiques du rêve américain indiquant ce que c'est d'avoir réussi sa vie ainsi que sur ce qu'ont vécu les autres générations, de façon à ne pas sombrer dans l'envie et le désir constant des extrêmes.

Bonheur et histoire

Le bonheur, c'est de connaître l'histoire, notre histoire, et de savoir que nous faisons partie d'une tradition, d'une société qui évolue, qui se transforme et dans laquelle notre vision, nos réflexions ont des perspectives d'avenir. En ayant certaines certitudes à l'égard du passé, nous arrivons à certaines convictions pour le futur. Ainsi, le présent devient un gage d'avenir permettant d'affronter les perturbations de notre quotidien. Nous avons le sentiment que notre vie s'enracine dans une suite, et que notre passage sur terre a un sens. Cette réflexion ne peut se faire en se repliant sur soi. Albert Jacquard affirme que la liberté est liée à la capacité de l'espèce humaine de penser à demain. N'est-ce pas cette caractéristique qui nous différencie de l'espèce animale ? Pour les animaux, seuls le présent et le passé existent. De cette capacité à s'interroger sur l'avenir proviennent l'angoisse, la peur, mais aussi l'espoir. Il y a là une ambition de participer à des projets collectifs ambitieux, porteurs d'avenir, mobilisant les esprits et les énergies et permettant de se dépasser afin de transmettre à l'autre génération l'espoir d'une vie meilleure.

L'avenir

Comment envisager le bonheur sans qu'il y ait une réflexion concernant la transmission d'une vision du monde ? Si on se pose spontanément la question suivante : quelle sera, si la tendance se maintient, la situation de l'environnement, de la société ou de l'économie dans vingt ans ? Dans l'ensemble, notre représentation sociale de l'avenir semble plutôt négative ou même fataliste. Lorsque nous nous arrêtons pour réfléchir à l'avenir, il n'est pas rare de sentir un grand poids sur nos épaules, de lourdes responsabilités.

Maintenant, si nous réfléchissons à ce que nous voudrions qu'il advienne de l'environnement, de l'économie ou de la société ? Évidemment, nous souhaitons tous que la situation s'améliore. Est-ce que ce ne sont pas là de beaux vœux pieux ? Malheureusement, les fées et les génies sont plutôt débordés par les temps qui courent. Il est donc légitime de se demander : que pouvons-nous faire pour que ces souhaits se réalisent ? En fait, dès lors que nous prenons conscience que l'avenir sera plutôt sombre, il y a là un certain appel à l'action.

Au cœur du changement social et du bien-être collectif, il y a des individus qui entreprennent des actions, lancent des projets innovateurs, créent des compagnies à leur image, s'insurgent devant le pouvoir établi. Ils s'acharnent à réaliser leurs rêves, leurs utopies, leurs désirs. Ces gens refusent le destin annoncé, ils sont animés par une profonde conviction qu'il est possible de changer le monde !

L'engagement

Nous sommes des êtres sociaux qui ont besoin des autres pour vivre. Sentir que sa vie est utile, savoir que l'on fait la différence pour quelqu'un, pour quelque chose, pour une cause, n'est-ce pas là un sentiment fort pouvant donner un sens à sa vie ? L'engagement, c'est une implication sociale pour faire avancer une cause, du bénévolat, s'investir dans un projet, dans une relation. Il ne faut pas manquer d'ajouter que « [l]'engagement fait souvent appel au courage, une vertu qui suppose la force de maintenir le cap contre vents et marées, de poursuivre en dépit de tout ce qui menace la détermination[16] ».

Selon Sartre, s'engager, c'est prendre conscience et acte de son appartenance à la société. C'est également renoncer à une position de simple spectateur et mettre sa pensée ou son art au service

16. Jacques Languirand, « Bonheur et engagement », *Guide Ressources*, vol. 13, n° 4, 1997.

d'une cause. Mais il y a plein de bonnes raisons de ne pas s'impliquer. À ceux qui n'ont pas le temps parce qu'ils ont trop magasiné, eh bien, ils perdent de l'énergie! Ceux qui disent ne pas comprendre comment ça fonctionne n'ont peut-être pas pris le temps de poser des questions et ainsi de tirer une satisfaction du fait d'apprendre. Pour ceux qui ont peur de s'engager, il faut se rendre compte que la peur fait avancer et que, lorsqu'on la dépasse, on risque d'être heureux de s'en être affranchi. Et finalement, ceux qui n'y croient pas, l'argument le plus difficile à réfuter, ils risquent de ne pas connaître la joie et le côté si gratifiant de se sentir dans un grand mouvement en route. Comme plusieurs auteurs le démontrent, cela vaut la peine de s'engager afin de se sentir satisfait, d'augmenter son estime de soi et même de trouver le bonheur!

> Il y a un lien important entre la capacité d'engagement et le niveau de bonheur. Plus une personne est capable d'engagement, plus elle est heureuse. [...] La capacité à s'engager est un facteur plus important que l'âge ou la génération pour prédire le niveau de bonheur[17].

Ce goût de l'engagement se transmet avec de petites phrases toutes simples comme: «J'ai besoin de toi», «Tu peux faire la différence». Il s'agit d'intégrer l'autre, de parler et de communiquer entre nous afin de bâtir un projet de société à l'image de nos désirs.

---

17. Lise DUBÉ, Sylvia KAIROUZ et Mathieu JODOIN, «L'engagement: un gage de bonheur?», *Revue québécoise de psychologie*, vol. 18, n° 2, 1997.

Conclusion

Être critique par rapport à la société, connaître son histoire, regarder vers l'avenir, transmettre sa vision du monde et, finalement, s'engager, telle est ma proposition dans la quête du bonheur. Je ne perds pas de vue que, malgré tout, il n'y a pas de modèle unique, une recette qui prévaut pour tous. Malgré tout, des dimensions fondamentales s'imposent dans l'idée d'atteindre le bonheur. « Une réflexion sur la liberté et l'autonomie et la réciprocité, fondatrice de la prise de conscience d'autrui[18]. »

Mais le bonheur dans tout ça, est-ce un projet achevé ? Est-ce une fin en soi ? Pour continuer à être heureux, ne faudrait-il pas continuer à croire qu'il est nécessaire de chercher le bonheur ? J'ai envie de vous donner le goût de l'avenir, le goût de prendre en main vos réflexions pour qu'elles débouchent sur des actions, des réalisations, des projets porteurs de sens. Et si, moi, je ne rêve pas d'un monde meilleur, qui le fera ?

Je ne terminerai pas ce chapitre avec un point, mais plutôt avec des points de suspension. Comme la liberté, le bonheur se trouve dans la société plutôt qu'en soi. Il faut donner le goût aux autres de prendre leur place, car le sens profond d'être dans la société et de provoquer le changement social est de ne jamais espérer l'avoir achevé...

---

18. R. MISRAHI, « Le bien-être au quotidien », *Sciences humaines*, n° 75, août-septembre 1997, p. 26-29.

Conclusion générale

« Ne jamais espérer l'avoir achevé… » C'est précisément dans cet esprit que prend fin ce travail collectif. Nous n'avons ni la prétention ni le désir d'achever de comprendre cette racine vitale qu'est le bonheur. Après un tel parcours, nous sommes toutefois convaincus d'avoir humblement contribué à en faire voir la complexité. À avoir mis en lumière son aspect mouvant qui se module selon les individus, les sociétés et les époques. C'est un premier pas vers un meilleur discernement entre l'accessoire et l'essentiel.

Nous avons sillonné certaines sources ancestrales. Ensuite posé le pied sur des terreaux plus contemporains, qui ouvrent les horizons vers la conscience sociale. Une démarche en trois temps qui a fait se déplacer et se multiplier les angles d'approche. Ce qui a produit 14 chapitres sur le thème du bonheur, comme 14 percées donnant accès à des regards originaux sur un thème très ancien.

Permettez-nous de terminer sur quelques envolées supplémentaires, question de garder bien ouverte la réflexion engagée par ce livre. La question du bonheur fut problématisée par une polarisation — illusion ou réalisation — qui reste pour nous une tension nécessaire à conserver. Elle est la clé de voûte qui soutient cet exercice exigeant et fort impopulaire du discernement et de la lucidité. Elle offre des repères pour l'identification du bonheur d'accomplissement parmi le bonheur éphémère. Ce cadre d'analyse permet de dégager le bonheur du carcan du manque et de le faire advenir du côté des acquis, des ressources, des aspirations et des capacités de chaque personne et de chaque société.

Le bonheur n'est pas dans ce que nous désirons, c'est-à-dire dans ce qui nous manque. Le bonheur, c'est apprendre à se réjouir et à savourer le fait d'exister, d'aimer et de créer. Il faut cesser d'espérer un bonheur qui prenne soin de nos vides, un bonheur de compensation à notre pauvreté d'exister, d'aimer et de créer. Ceci n'est pas le bonheur. Ce qui importe, ce n'est pas de rechercher le même bonheur que les autres, ni de mesurer notre propre bonheur avec celui proposé par le discours dominant, mais plutôt d'apprendre à nous contenter du bonheur qui est déjà là. Il faut avidement le savourer à travers nos propres initiatives et nos engagements. Cela exige de mieux connaître ce qui habite la représentation du bonheur qui nous anime. Donner un sens neuf à ce bonheur, c'est prendre en charge notre existence, nos relations avec les autres, notre manière de vivre dans un milieu et notre contribution personnelle à la collectivité. Ce changement de registre, qui relève autant de la responsabilité personnelle que de la responsabilité communautaire, est un impératif pour la suite des choses humaines et planétaires. Reste maintenant à déterminer quel visage du bonheur nous souhaitons vivre et ainsi léguer aux générations suivantes. Car elles devront, elles aussi, faire leurs choix.

Finalement, ce livre n'est manifestement pas le bonheur, mais il endosse l'urgence d'être heureux autrement, tant individuellement que collectivement. Difficile maintenant de le refermer sans se sentir personnellement et viscéralement concerné.

TABLE DES MATIÈRES

Préambule   9

Introduction   11

PREMIÈRE PARTIE
Bonheur et sagesses ancestrales

CHAPITRE I

Le bonheur selon Aristote : l'action dans la contemplation   19

Nous voulons être heureux   20
Le bonheur est le bien le plus précieux   20
La quête de bonheur demande du temps   21
Il faut être réaliste dans sa quête de bonheur   22
Les plaisirs sont essentiels au bonheur   24
Le bonheur est dans la contemplation active   25
Conclusion   26

CHAPITRE II

Le bonheur dans l'absence :
trois conceptions hellénistiques du bonheur   28

Un changement de perspective dans un empire ébranlé   28
Le bonheur selon les stoïciens   31
Le bonheur selon les épicuriens   34
Le bonheur selon les sceptiques   37
La sagesse héllénistique est-elle illusoire ?   41
Conclusion   44

CHAPITRE III

La vie heureuse selon Augustin 46

La vie heureuse   47
On ne trouve le bonheur qu'en Dieu (*Les Confessions*)   52
Conclusion   53

CHAPITRE IV

Le plaisir selon Thomas d'Aquin : l'essence d'une vie heureuse 54

Qu'est-ce que le plaisir ?   55
Qu'est-ce qui nous procure du plaisir ?   57
Quels sont les effets du plaisir ?   61
Une morale du plaisir   62
Conclusion   63

CHAPITRE V

Le bonheur selon les Béatitudes 64

Qu'est-ce que les Béatitudes ?   64
Le bonheur des Béatitudes est un lieu de réalisation   66
Selon les Béatitudes, le bonheur est une illusion   76
Conclusion   78

DEUXIÈME PARTIE

Bonheur et art de vivre

CHAPITRE VI

Les conditions du bonheur d'après les plus récentes recherches en psychologie 83

Définition du bonheur   84
Les déterminants du bonheur   85
Les conditions externes du bonheur (*bottom-up*)   86

Les processus internes du bonheur (*top-down*) 95
Une autre définition du bonheur 100
Conclusion 103

CHAPITRE VII
Bonheur, loisir et vieillissement 105

Les personnes âgées 105
Problématiques du loisir chez les personnes âgées 106
Loisir spirituel et quête de bonheur chez les personnes âgées 109
Conclusion 119

CHAPITRE VIII
Le bonheur sexuel :
l'art de rencontrer l'autre comme personne 121

Le fruit défendu dans l'Antiquité grecque 122
Le fruit défendu au Moyen Âge 123
Le corps et la sexualité dans la société des images 124
Le désir vers l'autre ou le désir sur l'autre 128
La caresse : le bonheur de découvrir l'autre 131
La tendresse : le bonheur d'accueillir l'autre 132
Acquérir le goût de la célébration érotique 135

CHAPITRE IX
Bonheur et spiritualité :
l'art de vivre heureux selon le Dalaï-Lama 137

Le bonheur est le but de la vie 138
L'exercice de l'esprit 140
Le bonheur est un apprentissage 142
Une discipline éthique déterminée par la compassion 144
Une spiritualité concrète 147
Conclusion 148

CHAPITRE X

Le bonheur appliqué : rencontre avec deux artistes   150

Mise en contexte   150
Bonheur de cinéma (Paule Baillargeon)   151
Bonheur, passion et création (Yves Laferrière)   157

TROISIÈME PARTIE

Bonheur et conscience sociale

CHAPITRE XI

Un bonheur communau-terre   163

Les conditions écologiques du bonheur   164
Un bonheur illusoire : l'avoir   165
Le progrès désenchanté   168
Du plaisir solitaire au bonheur solidaire   169
L'autolimitation : être heureux avec moins   171
La liberté de choisir   174
Bonheur et développement durable   176
Conclusion : être heureux ensemble   178

CHAPITRE XII

Bonheur et hyperconsommation :
quand consommation rime avec identité   180

Qu'est-ce qu'une société d'hyperconsommation ?   180
Consommer pour être heureux   183
Je suis ce que je consomme   185
Consommer : une expérience émotionnelle   187
Le supermarché de l'âme   188
Hyperconsommation et valeurs humaines   191
L'après-société d'hyperconsommation   193

CHAPITRE XIII
Le bonheur à l'ère de la médianomie   195

Qu'est-ce que la médianomie?   195
Qu'est-ce qu'une représentation sociale?   198
La publicité, origine de tous les vices?   200
Une image vaut mille mots/maux   204
Des moyens de se libérer du message dominant du bonheur
   à consommer   206
Conclusion   211

CHAPITRE XIV
Chercher le bonheur:
sortir de soi pour aller vers les autres   213

Introduction   213
Si ça fait ton bonheur!   215
Un homme et sa destinée   217
La nostalgie du passé   219
L'illusion des pôles   220
Bonheur et histoire   220
L'avenir   221
L'engagement   222
Conclusion   225

Conclusion générale   225

Ce livre a été imprimé au Québec en avril 2009
sur du papier entièrement recyclé
sur les presses de l'imprimerie Gauvin.